行政行为实行力研究

——以服务行政为背景

何 君/著

法律出版社
LAW PRESS · CHINA

序：反思与建构

反思与建构是两种学术研究的视角，对于学术发展而言，反思以发现问题为目的，而建构以解决问题为研究的出发点。学术的发展过程正是在不断的反思中不断完成理论建构之过程。对于一种经典的传统理论的反思与重构，往往是现实主义分析视角的产物。反思需要勇气，而建构则需要智识。

行政行为属于大陆法系行政法学的基本范畴，有关行政行为效力的研究则是行政行为理论的核心。自德国行政法之父奥托·迈耶一百多年前建构了传统行政行为的效力理论后，这一理论成为以“公共权力”为核心的传统行政法学的理论支柱之一。随着国家、社会与市场关系的调整，政府在承担消极的不得侵犯个人权利的义务的同时，必须以积极的行动履行为社会提供必要公共服务的义务。这种社会变革对政府的执政理念、行政规则乃至公共职能的履行模式产生了深刻的影响。一些新的不具有单方命令属性的非权力性行政行为大量涌现，政府越来越多地采取行政指导、行政合同、行政奖励、行政调解、行政资助、行政信息服务等带有契约、指导、协商、鼓励、帮助等柔性手段来服务公众、管理社会。这些“非权力性行政行为”的出现打破了传统的以单方命令属性的行为为主导的单一管理方式，标志着行政已由一百多年前的权力行政进入了服务行政的时代，在服务行政的理念下，行政的范围、主体、内涵与外延均发生了重大的变迁，传统的建立于公共权力基础之上的传统行政法理论已经不能满足现实的需要。与此相对应，传统行政行为理论也不可避免地遭到服务行政理念之下不断出现的各种新型行政行为的冲击，必须对现实中大量存在的非权力性行政行为作出回应。本书作者的选题正是立于现代行政的变迁，试图以行政行为的效力研究为突破点，对服务行政所引发的行政法变迁进行理论回应。

行政最大的特点在于它的阶段性、历史性与变动性，这决定了从事行政法理论研究必须能够及时把握并回应这一特点，这不仅是一种理论的本土化的问题，更关系到理论的时效性。本书作者秉持现实主义的研究视角，在对传统行政行为效力理论进行反思的基础上，根据公共行政的发展脉络结合行政行为执行力提出了行政行为“实行力”这一概念，并对其进行阐述分析。作者从行政行为实行力的提出入手，追溯了行政行为实行力的理论溯源，论证了行政行为实行力与传统行政行为的执行力的承继关系，阐释了行政行为实行力的基本范畴，分析了行政行为实行力的状态以及具体呈现，并结合本书作者自身的工作经验，从司法救济与监督的角度对行政行为实行力做了理论梳理。本书作者试图立足于现代行政的变迁，从对传统行政行为效力理论进行反思入手，进而在反思的基础上试图建构一种更具时代感、现实性的理论，这种尝试不仅是对行政行为执行力普适性的质疑与否定，亦是对自己智识的一种挑战，其写作初衷透着一种青年学者的锐气，而这种锐气与学术发展的推动力不无关联。

子曰：“学而不思则罔，思而不学则殆”，对于学术研究而言，思考与尝试性的理论探索显得尤为可贵，也正是由于任何对既往成熟理论的挑战最初都仅仅只是一种尝试性的理论探索，往往呈现出反思多于建构的特点，因此，本书尚留有许多需要继续斟酌的余地与空间。

何君的这本著作是他在中国政法大学攻读行政法学博士期间对行政

行为效力进行思索探究的成果，从中体现了他对行政法问题的现实关怀。非常欣慰的是烦琐的实务工作并未使其成为学术路上的匆匆过客，反倒又使得作者的学术研究更具有回应实践的可贵品质。作为作者的导师，我非常希望他继续关注、不断深化对这一问题的研究，希望实务经验的积累能够促使他的研究更具现实的思考力度与针对性，也期待他奉献更多的有价值的研究成果。无问题无以为研究；无方法无以治学问；无规范无以成文章；无基础无以为源头。“求真务实”是一种求学的精神和学术理念。依此治学，方可望经年有成。以此与青年学子共勉，并期待法治中国薪火相传、生生不息。

是为序。

江必新

目录

导言

行政行为是大陆法系行政法学的核心范畴，而行政行为的生命在于其效力。尽管行政行为效力如此之重要，但行政行为效力理论研究却仍是我国行政法学领域最为薄弱的环节之一，学术界对于行政行为效力基本概念的理解及理论术语的运用仍存在较大分歧，还没有形成一个科学、完整的概念体系。[1] 行政行为效力最早是由德国行政法之父奥托·迈耶模仿判决的效力提出的。传统的行政行为效力内容包括公定力、确定力、拘束力、执行力，可无论是对效力体系内容的划分标准，还是对“四分法”中该四个力内涵与外延（乃至于概念词语本身的使用），学术界都存有争议。笔者无力于对学术界就效力问题存在的诸多争议作一一的评议与论证，选择了作为效力内容之一的执行力为研究的对象，并且契合公共行政的发展脉络提出了“实行力”这个概念。

一、问题的缘起

行政行为概念因大陆法系国家行政诉讼制度的需要而衍生，行政行为概念的词源并不是立法者所创，而是行政法理论的创设。最早产生行政行为这个概念的国家是行政法的母国法国，法国的行政行为（Acte

〔1〕 江必新：《行政行为效力体系理论的回顾与反思》，载《江苏社会科学》2008 年第 5 期。

Administratif）概念是在法国大革命后，学者为了说明行政机关在法律之下为了处理具体事件，作出类似法院判决的处理决定，而逐渐形成的概念。德国的行政行为概念是从法国的 Acte Administratif 借鉴而来的，1826 年在德国产生了 Verwaltungsakt 这个概念，其含义是指公共行政机关依据公法或私法所采取的一切行政措施。此后，德国行政法之父奥托·迈耶（Otto Mayer）在 1895 年对行政行为作了如下定义："行政机关对相对人在具体事件中作出的决定其权利的优越性的宣示。"〔2〕1910 年，德国法学家柯俄曼（Kormann）率先对其进行技术性创设，他在《国家法律行为之制度》一书中，把民法上的法律行为概念导入公法领域来阐述"行政行为（处分）"，标志着 Verwaltungsakt 理论的成熟。学者福雷那（Fleiner）在继承柯俄曼理论的前提下，将非行政机关所为之行为排除于 Verwaltungsakt 概念之外，使行政行为概念在学理上基本成型。后来，毛雷尔教授认为更加准确和直观的定义需要将"主权性"限于"行政法上的"，并强调其单方面性，与此相对应，则可以将行政行为定义为："行政机关针对具体事件、单方面作出的、具有外部效果的、行政法上的、处理行为"〔3〕。奥托·迈耶等人对行政行为的上述定义，一直被奉为行政行为定义的经典和权威之说，长期占据主导地位〔4〕。

〔2〕［德］毛雷尔：《行政法学总论》，高家伟译，法律出版社 2000 年版，第 181 页。

〔3〕参见［德］哈特穆特·毛雷尔：《行政法学总论》，高家伟译，法律出版社 2000 年版，第 181、182 页。

〔4〕1976 年，行政行为在《德国联邦行政程序法》上获得了法律上的高度统一，将其定义为"当局处理公法范围内的单独事项，以产生直接外部法律效力的命令、规定或者其他高权措施"。我国台湾地区学者将德国 Verwaltungsakt 译为行政行为，但若依照德国 Verwaltungsakt 的真正概念，则应为台湾行政法学中的行政处分。依此传统的行政行为理论，行政行为的概念具有如下几个特征：（1）行政行为是行政主体的行为。（2）行政行为是针对具体事项的行为。行政行为是行政主体针对具体的人或事作出的处理行为。行政立法行为、制定规范性文件的行为是制定普遍性规则的行为，并非针对具体事项的行为，不属于行政行为。（3）行政行为是行政主体的单方处理行为。行政行为是具有处理性质的行政活动，是一种具有法律约束力的命令，或者说是一种以实现某种法律效果为目的的意思表示行为。法律效果表现为

随着公共行政的发展，服务行政逐步确立带动了行政职能的转变，而行政职能的转变又必然引起行政方式的变化。服务行政不再主张是单方的权力宣示，强制性行政权已经逐步地从经济、社会领域有序退出，强制性行政方式的适用空间逐渐缩小，正如福斯多夫所说，人们所拥有的“掌握空间”的日益狭窄和“社会依赖性”的日益增强，使得对资源的“取用”日益困难，因而就需要行政机关来公平地协调和分配“取用机会”、对个人给予“生存照顾”。巴杜拉对福斯多夫的理论进行分析和概括后指出，行政行为的唯一内涵就是“服务”。〔5〕如在德国，“尽管行政行为 Verwaltungsakt 曾经在行政方式中占有中心的或者主导的地位，特别是在对公民的法律救济方面。现在行政行为的这种优越性已经不复存在，这是因为，第一，行政法院对行政活动的审查不再限于行政行为，受案范围已经扩大到行政当局所有的公法行为；第二，行政行为所包含的国家公共职能，不再限于对公民的干预，已经扩大到福利和其他的方面；第三，行政活动的方式极大丰富了，当局越来越多地利用事实的、合同的和私法的形式实现行政职能。”〔6〕

现代国家的主要职能是提供公共服务，高权行政已无法满足人们的公共需求，为了实现公共利益与行政目标，政府只能越来越依靠行政相对方的配合和支持来便捷地实现行政目的，一些新型的行政方式，如行政指导、行政契约、行政奖励、行政给付等已经或在将来的行政活动中发挥新的、更为重要的作用。随着新型行政行为的兴起和广泛运用，这些以服务行政为理念发展起来的行政行为必将与建立在秩序行政、管理

法律权利或义务的设定、变更、解除或具有法律约束力的确认。行政行为是行政主体的单方处理行为，不同于行政契约。(4) 行政行为是能够对外直接产生法律效果的行为。行政行为是行政主体的法律行为，不包括对外不产生法律效果的事实行为。(5) 行政行为是行政主体的公法行为，行政主体的私法行为不属于行政行为。

〔5〕 叶必丰：《法学思潮与行政行为》，载《浙江社会科学》2000 年第 3 期。

〔6〕 于安：《德国法上行政行为的构成》，载《中国法学》1999 年第 5 期。

行政基础上的传统行政行为及其效力理论存在冲突，这也就导致传统行政行为及其效力理论体系的困境。

任何理论都是对客观事实的解释和概括，它应该随着社会的实际情况变化而发展。“国家因社会化而回归社会，不再是一种凌驾于社会之上的统治机构；所有权力主体与权利主体都是平等的治理主体，依法参与公共治理过程；兼顾公益与私益、自由与秩序、公平与效率；主要采用谈判协商的治理方式，只有在必要时选择单方性、强制性的管理方式。”〔7〕行政方式日益丰富，我们不能本末倒置的要求现实中的行政行为去适应传统的理论，以追求逻辑上的完满。行政行为理论要想获得生命力，就必须作出适当的改进，以满足服务行政理念下不断出现的各种新型行政行为，因而，需要对服务行政所引发的行政行为变动进行理论上的回应。

我国的行政行为理论是舶来品，其研究的历史无法与其他国家相比，但在具体路径的选择上，必须考虑中国的现实问题。在借鉴与移植的过程中我国存在很大问题：一方面，在行政诉讼制度建立之初，我们出于功利的动机承袭法国的行政行为（Acte Administratif）理论，部分解决了受案范围的难题；另一方面，在随后兴起的行政法学研究中，我们又转而把目光投向了德国的行政行为（处分）（Verwaltungsakt）概念，并将后者植入行政行为（Acte Administratif）之中，而不问两者能否兼容。这样做的后果是，我们不得不纠缠于实际问题的解决与理论得以自恰的深层矛盾之中，周旋于实务与学说的不同需要之间而找不到自己的归属与出路。〔8〕基于回应服务行政对行政行为的挑战和考虑本土化的关系，扩充行政行为的内涵是一种比较理性的选择，行政行为概念

---

〔7〕［法］托克维尔：《论美国的民主》，董果良译，商务印书馆1996年版，第315页。

〔8〕朱新力、高春燕：《行政行为的重新定位》，载《浙江大学学报（人文社会科学版）》2003年第6期。

应该界定为：行政主体实施的、与国家行政职权有关的、对相对人权益产生实际影响的行为都是行政行为[9]。

传统的效力理论是建立在狭义的行政行为基础之上的，通过对司法裁判的效力的模仿得以建立其理论体系，无论是司法裁判的效力体系，还是行政行为的效力体系，效力内容最终都落脚于执行力（实行力）。选择广义的行政行为势必需要发展效力理论，尽管广义行政行为中的抽象行政行为、行政事实行为不具有行政行为效力理论意义上的效力（实行力），但是对于行政契约等新型的行政行为类型，我们无法回避其效力的问题。因为，尽管服务行政下的行政契约等不是高权行为，但他们也不同于私法上的法律行为，并且行政行为效力对司法判决效力的模仿过程中是基于这样认识：无论是司法行为还是行政行为，两者都有公权力的性质。此外，必须着重强调的是，即使仍沿用狭义行政行为的概念，由于公共行政背景的不同，建立在其基础上的执行力（实行力）理论也需要有所发展，如在行政给付中，应当强调行政主体义务的履

---

〔9〕 采取广义的行政行为理由如下：（1）扩充行政行为内涵与公共行政的发展趋势相契合，有利于进一步推动公共行政方式的改革与发展。在服务行政之下，政府与公众之间不是一种命令与服从的关系，而应当是一种服务与合作、信任与沟通的关系。行政行为不再局限于主权者的一种命令，而是一种行政主体在公众参与下的公共服务行为。行政行为它是为满足公众需要而实施的行为，具有服务精神的柔性行政方式更加有利于公共服务目的的实现。（2）扩充行政行为内涵与现行法律的规定相契合，有利于扩大行政诉讼受案范围和完善行政诉讼制度。围绕行政诉讼来构筑行政行为的概念不仅是大陆法系国家行政法的传统，而且至今依然占据主流地位。尽管法国学界大多倾向于对行政行为作出宽泛的界定，但这恰与法国行政诉讼范围较大是相吻合的。（3）“广义型”行政行为概念符合我国社会公众的认知习惯和汉语的使用规则，有利于实现国家与社会公众的交流与互动。行政行为的概念最终应上升为法律，以对公共行政实践和行政诉讼实践提供规范化的指导。（4）适应行政行为理论不断丰富和发展的需要。随着现代行政活动方式的不断丰富及行政法治实践的不断发展，行政行为理论也必须不断地丰富和发展，如此方能跟上不断发展的行政法治实践的需要。我国目前的行政行为理论，已明显不能适应行政法治实践乃至整个法治实践的需要，必须予以发展和完善。在对行政行为概念进行界定时，必须适应行政行为理论不断丰富和发展的需要，为其提供足够的基础和发展空间。参见江必新、李春燕：《统一行政行为概念的必要性及其路径选择》，载《法律适用》2006 年第 1 期。

行，即实行力的作用对象也得包括行政主体。对执行力概念及理论的固守已落后于行政法治的发展，而且长此以往必将束缚行政法治实践的发展。

事物的发展规律是由量变到质变。在服务行政的背景下，对行政行为执行力理论量的发展已无法满足时代发展的需求，当下我们需要质的突破。行政行为实行力概念以及相关理论的提出，正是立足于行政行为执行力理论基础上的质的飞跃，是对执行力的继承与发展。虽然这是作为一个质的突破中一个最小量的变化，虽然这样的质的突破在理论中是不完善的甚至是肤浅的，但至少这是个开始，而且是一个有益的开始。

二、研究的现状

源于行政行为效力的重要性，学界对行政行为的效力的研究逐步深入，然而，针对行政行为实行（执行）力的理论专门进行讨论的并不多，并没有像存续力（赵宏博士的《法治国下的行政行为存续力》）一样有专门的论著出现。截至目前，除郭殊博士的硕士论文《论行政行为实现力》之外，对执行力理论专门展开论述的只有叶必丰教授的《论行政行为的执行力》（载《行政法学研究》1997 年第 3 期）、《行政行为执行力的追溯》（载《法学研究》2002 年第 5 期），章志远博士的《行政行为执行力初探》（载《河南省政法管理干部学院学报》2002 年第 5 期）等文章。

学界对行政行为实行（执行）力的研究，目前对其讨论主要分为以下几个部分：

一是对行政行为的效力进行系统的阐释，从整个效力体系的角度对实行（执行）力进行论述，如杨建顺教授的《关于行政行为理论与问题研究》（载《行政法学研究》1995 年第 3 期），周佑勇教授的《行政行为的效力研究》(载《法学评论》人大复印资料1998年第3期),刘莘教授的《具体行政行为的效力初探》(载《中国法学》1998年第5期),叶必丰教授的《行政行为效力研究》(中国人民大学出版社2002年版),章志远博士的《行政行为效力论》(中国人事出版社2003年版);宋功德博士的《聚焦行政处理》(北京大学出版社2007年版),江必新教授的《行政行为效力体系理论的回顾与反思》,(载《江苏社会科学》2008年第5期)等。

二是在执行理论或制度的研究中涉及实行(执行)力问题,如应松年教授的《论行政强制执行》(载《中国法学》1998年第3期),傅士成教授的《行政强制研究》(法律出版社2001年版),胡建淼教授主编的《行政强制》(法律出版社2002年版),朱新力教授主编的《外国行政法律强制制度》(法律出版社2003年版),章剑生教授主编的《中外行政强制法研究资料》(法律出版社2003年版)等。

三是在行政诉讼中涉及行政行为的实行(执行)力的相关理论,如石佑启教授的《对行政诉讼中不停止执行原则的评析》(载《中央政法管理干部学院学报》1997年第4期),阎尔宝博士的《论违法行政行为的限制性撤销》(载《行政政法学研究》1999年第4期),张步洪博士、王万华教授的《行政诉讼法律解释与判例述评》(中国法制出版社2000年版),马怀德教授主编的《行政诉讼原理》(法律出版社2003年版)等。

三、选题的意义

行政行为目的的实现需要行政行为实行力的效用得以发挥,否则,行政行为将丧失其存在的意义。目前对行政行为实行(执行)力的研究,未能将行政行为实行力理论与行政执法、行政救济实践紧密联系。系统而深入对其进行研究,具有如下重要的理论意义与实践意义:

第一,行政行为实行力的研究能够大大丰富行政行为效力理论的内涵，增加对效力研究的深度，提高其学术含量。行政行为的效力问题，特别是实行（执行）力问题，是当前学术界行政法研究当中的难点也是薄弱点，学者们的观点不一，在实行（执行）力问题上还没达成共识与通说。对实行力展开全面研究，不仅起到厘清其自身内容、性质、特点等问题，还能回应服务行政实践发展的需要，从而建构起基本的实行力理论体系，进而完善行政行为效力体系。

第二，实行力概念的提出能够起到正本清源的作用，还原行政权的服务性质，能够有力抑制行政权的恣意行使，为行政相对人合法权益的维护提供理论支持。现代行政法的要旨在于体现服务的理念，加强人权的保障，因而效力制度不可能也不应该成为片面强化行政强制性或特权的工具。相反，通过强调行政行为实行力的价值以及实行力司法救济制度的确立，能从根本上扼制行政权的恣意行使，切实保障行政相对人信赖利益及合法抵抗权的实现。此外，实行力的司法保障也在一定程度上维护了必要的行政权威。

第三，行政行为实行力研究能为我国的立法、行政、司法实践提供理论支持。首先，就我国现行立法而言，涉及行政行为实行力的条款还普遍存在概念不清、用语不当、衔接不适等缺陷。因此，从源头上厘清行政行为实行力中的基本范畴及其相互关系，可以为我国有关行政法律、法规的修订提供充分的理论依据。其次，从行政执法实践来看，行政行为实行力的实现还存在诸多弊端，通过对实行力问题的理论分析和实践考察，能够推动我国行政强制制度的进一步完善，为现行行政强制制度的重构提供新的思路。最后，行政行为实行力的研究能够推动我国行政诉讼的进一步完善，并为相关法律的制定和修正提供理论依据。实行力不仅是行政行为法中的基本理论问题，而且还直接牵涉行政诉讼问题。深入研究行政行为实行力，可以促使人们对我国现行行政诉讼的基本制度进行认真反思，从而提出相应的修改建议。作为司法权对行政权实施制约的制度安排，行政诉讼实质上就是对行政行为实行力的评判活动。在行政诉讼过程中，案件的受理、审理和判决都会对行政行为实行力产生相应的影响。因此，加强行政行为实行力的研究能推动整个行政诉讼法学理论的发展〔10〕。

总之，行政行为实行力的提出适应了公共行政发展的潮流。科学地界定行政行为实行力的概念，系统而深入地研究行政行为实行力的内涵与外延，既是深化行政行为效力理论研究，建构科学的行政行为效力体系的需要，也是完善行政执行理论、司法审查理论所不可或缺的。

四、研究的路径

从宏观的角度看，公共行政是人类进行社会管理活动的一种方式，其在整个行政领域中处于第一位阶；行政法作为围绕“公共行政”而展开研究的科学，处于第二位阶；行政行为理论是行政法学中的核心理论，处于第三位阶；行政行为效力作为行政行为的生命，处于第四位阶；而行政行为实行力作为行政行为效力内容之一，处于第五位阶。对于行政行为实行力的研究应该从更高的角度展开，而不能孤立地局限于实行力本身，否则极可能“一叶障目，不见泰山”。

当我们从一个全新的角度来看问题时，总会有惊喜的发现和不同的感觉，这或许是创新的开始。从公共行政的角度研究行政行为实行力，不仅可以对实行力的发展与演变有更深刻的认识，能澄清某些理论上的争议〔11〕，而且能对实行力进行更宏观的把握，能将实行力纳入行政行

---

〔10〕 参见章志远：《行政行为效力论》，中国人事出版社 2003 年版，第 2 ~ 5 页。

〔11〕 如对实行（执行）力的不同界定，在统治行政中，执行力只强调行政主体对相对人的强制执行；在秩序行政阶段，不主张政府的强制干预，主张管的越少的政府越好，与此相应，执行力理论中也出现了行政相对人的自行履行；在管理行政中，执行力强调行政主体对义务的履行，从公共行政三个阶段对执行力进行分别观察，这无形之中就解决了学界对执行力存在的争议。

为乃至行政法中进行构思与撰写。因而，本书选择了处于第一位阶的公共行政作为系统研究实行力的切入点。

公共行政的发展经历了统治行政、秩序行政、管理行政、服务行政四个阶段，作为行政行为效力理论的创立者迈耶，其对司法裁判效力的模仿是在统治行政阶段。在统治行政的背景下，司法与行政作为公权力机关，其权力的行使具有强制性，其差异性并不明显，将司法裁判执行力的理论移植到行政行为中也基本上是可行的。在服务行政阶段，服务行政对行政法产生了诸多影响，进而对行政行为也产生了影响，如德国学者迪特尔·洛伦茨认为："行政行为是传统行政法学的中心概念。行政行为包含了行政法的所有因素，因此以行政行为为中心构筑行政法学，有助于揭示行政法的全貌。但是，行政行为也存在着缺陷，其中主要是单方面性、缺乏民主性和合意性，不符合现代民主行政的要求，尤其不能反映行政合同普遍存在的现实。"〔12〕 于是，要摆脱行政行为理论面临的现实困境，必须对行政行为进行改造与完善，具体途径有二：一是借鉴德国与日本的做法，在行政行为之外引入"行政活动"或"行政作用"这一概念。行政活动或行政作用的范围比行政行为要宽。在德国行政法学中，行政活动主要由行政行为、法规命令、行政契约、事实行为及计划行为构成。在日本行政法学著述中，行政作用除行政行为外，它还包括行政计划、行政立法、行政上的即时强制、行政上的强制执行、行政罚、行政契约、行政指导、行政调查等，以此来构建行政作用法体系，将多种行政方式纳入到行政法的调整和研究范围中来。二是仍使用"行政行为"概念，但扩大它的内涵，增加它的容量，不再将行政行为界定为强制性的、单方性的行政法律行为，而应从更广泛意义

〔12〕 参见［德］毛雷尔：《行政法学总论》，高家伟译，法律出版社2000年版，第166页。

上来阐释行政行为[13]。但无论哪种路径，都无法完全回避效力（实行力）的问题，即如果采用第一种路径，是否传统行政行为（行政处理）以外的“行政行为”就没有了效力问题呢？或者说有其他的力而没有实行（执行）力了呢？如果采用第二种路径，那么行政行为的效力应该如何发展呢？执行力是否具有足够的张力以满足发展的需要呢？如果提出了实行力，其内涵是什么呢？实行（执行）力在服务行政中会如何具体呈现呢？在行政行为的整个过程中，会存在哪些形态呢？实行力在行政实践中会如何呈现呢？司法与实行力的关系是怎样的呢……

通常意义上讲，问题本身不能成为论文的路径，但本文的构思与撰写过程，却的确是提出一个接一个问题，并尝试回答每一个问题的过程。理论研究的重要价值之一在于回应实践并解决现在或将来实践中出现的问题，或者当问题足够多并能形成逻辑上联系的时候，问题也能成为路径。

---

〔13〕 石佑启：《论公共行政变革与行政行为理论的完善》，载《中国法学》2005 年第 2 期。

第一章

行政行为实行力的提出——从执行力到实行力

本章主要对行政行为实行力的提出作一个全景式的描述，将公共行政作为思考的背景，由此切入对行政行为实行力概念提出的合理性进行论证。传统的行政行为效力（执行力）理论是由迈耶等人通过对司法判决的模仿而创立的，该理论是与行政行为（Verwaltungsakt）概念相对应的。随着公共行政的发展，行政行为内涵不断扩大，必然导致行政行为效力理论无法与之相适应。作为传统行政行为效力内容之一的执行力理论，为了与服务行政及其引起的众多转变相适应，就需要以实行力来代替执行力以满足时代变迁的需要。

第一节　行政行为执行力的渊源：判决的执行力

对行政行为效力理论的分析，必须从行政诉讼的角度出发，因为“行政行为”是基于行政诉讼制度得以确立和发展起来的。无论是作为“行政法母国”的法国创立这一概念，还是德国、日本等吸收和发展这一概念，都是以行政诉讼制度为其背景的[1]。而且行政行为实行力也是从司法判决执行力中衍生过来的。判决执行力是实行力的最初原型，行政行为的执行力是对司法判决执行力的理论与制度的模仿。随着行政行为执行力理论研究的深入，单纯的对判决执行力的模仿已经无法适应时代的发展，在服务行政的背景下，基于行政与司法的本质区别，需要对实行力的理论进行更深一步的研究。缘于两者之间的渊源，对实行力的进一步研究需要以两者关系的梳理为前提。

一、吸纳：判决执行力对行政行为执行力的影响

在行政行为效力理论的创立国德国，司法代表了法治的进步方向，迈耶为了实现依法治国，在建构行政行为及其效力制度时，尽可能地使行政向司法看齐，即在某种程度上，为了达到其所追求的法治状态，努力地促进行政司法化。行政行为效力理论作为其中的核心一部分，在其产生之初，无处不留有司法判决效力的影子。因而在传统效力理论中，人们借用司法判决效力中的执行力来指代行政决定具有可为执行的法律效力。

（一）行政行为执行力与判决的执行力都以公权力为其基础

行政行为执行力与判决的执行力都是通过执行机关采取强制执行措施迫使义务人履行义务，这就必须对义务人保持一定的外部压力，而这种压力的源泉是国家的公权力，即国家统治权。没有国家公权力作后盾，行政行为执行力与判决的执行力就无法保障其执行措施发挥效力，无法保障执行程序的顺利进行。故执行机关以公权力为基础保障执行力的实现，以确保法律的权威与尊严，维护社会的稳定与秩序。

---

〔1〕 杨建顺：《关于行政行为理论与问题的研究》，载《行政法学研究》1995年第3期。

（二）行政行为执行力与判决的执行力的表现形态只能由国家机关实施

行政行为与判决的执行都是行使国家权力的一种活动，并不是所有的机关都能实施执行。只有经国家明确授权的机关才能行使强制执行权，实施执行行为，采取强制执行措施，强制义务人履行一定的义务。除国家明确授权的机关外，任何单位或个人都不得对他人的财产采取强制执行措施，不得强制他人履行义务，否则就构成违法执行。并且其所为执行行为无效，应承担相应的法律责任。行政行为执行力通常由行政机关行使权力而发挥效用，而判决的执行力只能由人民法院的执行行为予以发挥效用，除此之外的任何机关、单位或个人都不得实施行政行为执行力与判决的执行力相关的行为。

（三）行政行为执行力与判决的执行力都是以强制性、单向性为特点

强制性、单向性是行政行为执行力与判决的执行力最为显著的特征，也正是这一显著特征使得公权力的系统运行趋向完整和实效。行政行为执行力与判决的执行力的主要内容是执行机关运用国家强制力，采取法定的强制措施和方式，迫使义务主体履行执行依据所确认义务的权力。简言之，行政行为执行力与判决的执行力的主要内容是各种强制权构成的执行实施权。可见，行政行为执行力与判决的执行力的实现意味着国家强制力（或曰法律的强制力）“彻底从后台走到前台、由隐性转为显性、由潜在的威慑变为现实的强加”，〔2〕是国家强制力在法的适用领域最为集中和最为明显的展示和发挥。行政行为执行力与判决的执行力具有单向性，执行机关采取强制性的执行措施，并不以被执行人（相对人）的同意为条件。作为一种权力，执行机关行使执行权是不以被执行人的意志为转移的，无论被执行人的意思如何，只要条件具备，

〔2〕 张文显：《法哲学范畴研究》，中国政法大学出版社2001年版，第46～47页。

执行机关就可行使执行权，行政行为执行力与判决的执行力就得以实现。

（四）行政行为执行力与判决的执行力具体表现形态是法律实现的重要形式

在行政行为效力理论的初创时期，法治的一个重要原则是“无法律就无行政”。行政需要法律的依据，而法律的生命也在于通过法律的适用来实现法律的目的。申言之，作为行政行为执行力与判决的执行力具体表现形态，执行是法律获得生命必不可少的形式与途径。从一般的意义上来说，法律实现就是将纸上的法变成为生活中的法，就是法律规范的要求在社会实际生活中得以体现和贯彻；从哲学上说，就是法律规范的要求由可能性向现实性、由应然向实然转化。因此，行政行为执行力与判决的执行力具体表现形态是法律实现的重要形式，是将法律规定的应然权利义务变为实然的权利义务。

二、分离：行政行为执行力与判决执行力的差异

尽管行政行为执行力是对判决执行力的模仿，在行政行为执行力中存在的判决执行力的影子，但行政行为毕竟与具有终局性的司法判决不同，正如凯尔森所言：“由法院所决定的强制措施实际上是由行政机关，诸如监狱看守、行刑人员等所实现的。尽管他们的职能肯定属司法职能的一个有机组成部分，但这些人却并不被认为是‘法官’。”[3] 在宪政层面，行政与司法有各自不可逾越的权力界限，在具体的理论层面，脱胎于判决执行力的行政行为执行力与判决执行力存在的诸多差异。

（一）行政行为执行力与判决执行力的权力属性存在差异

行政行为执行力与判决执行力的权力属性差异体现在，判决执行力

---

〔3〕［奥］凯尔森：《法与国家的一般理论》，中国大百科全书出版社1996年版，第310页。

的权力属于司法强制权，深深地打着司法权的烙印，具有终局性；而行政行为执行力通常具有可诉性。这种区别源于行政权与司法权的不同特质。从法治的角度讲，行政行为接受司法权的监督是顺理成章的。在判决执行力中，由于司法的最终效力，司法执行行为不具可诉性，执行当事人或利害关系人只能通过异议的方式获得救济。

（二）行政行为执行力与判决执行力的实现机关存在差异

如前所述，判决执行力的实现机关具有司法性，行政行为执行力的实现机关具有行政性，也就是说，判决执行力的实现机关通常是法院，而行政行为执行力的实现机关通常是行政机关。具体而言，法院的执行依据的是法院所制作的判决书，而行政机关的执行依据的是行政机关制作的行政决定书、命令书等。

（三）行政行为执行力与判决执行力实现的主动性程度存在差异

在判决执行力实现中，执行机关通常是比较被动的，没有第三人的申请，法院一般不能主动采取强制执行措施，只有义务人拒绝履行义务，并有第三人申请时，执行机关才能采取强制措施，迫使义务人履行义务；在行政行为执行力的实现中，行政机关为了履行其职责，必须主动地作出执行行为，如果相对人自动履行行政行为所设定的义务，行政机关就没有必要采取相应的执行措施，如果相对人拒绝自动履行义务，行政机关就依法主动采取措施确保行政行为执行力的实现。

第二节　行政行为执行力理论的发展：公共行政背景

一、公共行政的演变

作为人类进行社会管理活动的一种方式，公共行政早已存在了，而公共行政的“公共性”是阐释“公共行政”之含义的前提与基础。行政法中的“行政”也是针对公共行政而言的，行政法学可以笼统的认为是“关于公共行政的法”，是围绕着“公共行政”而展开研究的科学，因此“公共行政”是行政法学的核心范畴。纵观人类文明的发展，其基本线索就是“公共行政”从统治行政到服务行政发展的历史[4]。

（一）统治行政

公共行政活动的历史悠久，行政法语义下的公共行政是伴随着国家与法律的产生而出现的。在奴隶社会和封建社会中，国家与政府是一体的，政治与行政并没有可以加以明确区分的界限，行使权力的政府是作为统治阶级统治人民的御民之器而存在的，“产生于政府之中的行政行为服务于统治的目的、政府中的行政体制结构也从属于统治的需要，这种服务于统治的和主要执行着统治职能的行政就是统治行政”[5]。

在近代资本主义产生以前的一个相当长的历史时期中，社会生产力低下，社会生产和生活关系较为简单，社会公共事务也不复杂，政府行为与政治行为混合在一起。虽然也曾有过一些公共性的行政行为如修路筑渠等，但那也是基于作为主权者的君主的赐予而不是人民的固有权利，谋求人民福利乃是君主的道德义务而非法律义务；并且，当时的福利国家理念更为注重的是国家造福人民的“目的”，并不关注达到这种目的的手段，而现代福利国家则目的与手段并重[6]。统治行政理念之下行政权的触角涉及社会生活的各个领域，对此却无任何约束。相比之下，臣民只是法律的客体，对于君主及其属下的公务人员的安排须绝对服从。这个时期的行政行为是包含在统治行为之中的，其行为性质就是统治性的行为。虽然在特定条件下，臣民对该统治行为可向地方法院或

---

〔4〕 因服务行政的内容将在下面作专节讨论，在此不作赘述。

〔5〕 张康之：《论公共管理者的价值选择》，载《中共中央党校学报》2003 年第 4 期。

〔6〕 陈新民：《行政法学总论》，三民书局 1997 年版，第 13 页。

法庭起诉，法院可能纠正客观上违法的高权措施。但由于法院本身不具独立性，具有行政机关的性质，这种审判仍属于司法行政的范畴。而对于君主与仆人间的高权侵害措施，则根本不能诉诸救济。

（二）秩序行政

在自由资本主义时期，由于对奴隶和封建社会时期专制国家的厌恶，人们反思统治行政的种种弊端。古典自由主义的流行推进市场体制的完善，“作为主要的制度性工具，市场体制将单个民族国家的自治彻底切开了，促进了劳动和资本在地球表面的各个角落永不停息地流动”〔7〕。对国家权力的恐惧是自由主义最为显著的特征之一，为防止国家权力的过分扩张造成对个人权利的侵害，自由主义对国家职能进行了严格界定。亚当·斯密认为，国家的职能有以下几项〔8〕：第一，国防的职能。“保护本国社会的安全，使之不受其他独立社会的暴行与侵略。”第二，司法的职能。“为保护人民不使社会中任何人不受其他人的欺侮或压迫，换言之，就是设立一个公正的司法行政机构。”第三，“建立并维持某些公共机关和公共工程。这类机关和工程，对一个大社会当然是有很大利益的，但就其性质说，若由个人或少数人办理，那所得利润绝不能偿其所费。所以这种事业，不能期望个人或少数人出来创办或维持”。

秩序行政时期崇尚自由市场的调节作用，对国家所能发挥的作用表示极大的怀疑，认为市场这只“看不见的手”能支配和调节社会经济活动，政府只需扮演一个“守夜警察”的角色。韦德引述泰洛对当时情况的一个描述：“除了邮局和警察以外，一名具有守法意识的英国人

〔7〕［美］林德布鲁姆：《市场体制的秘密》，耿修林译，江苏人民出版社2002年版，第11页。
〔8〕［英］亚当·斯密：《国民财富的性质和原因的研究》（下），郭大力、王亚楠译，商务印书馆1972年版，第254、272、284页。

可以度过他的一生却几乎没有意识到政府的存在。"[9] 在美国，希尔斯曼指出："除了授予建筑铁路用地，通过移民土地法，建立邮政系统和一些其他设施外，政府在经济领域几乎没有什么作用。"[10] 自由市场是经济生活的万能主宰，政府作为一种"必要的罪恶"越少越好，实行消极的行政管理模式。在秩序国家中，其权力的行使必须严格遵循法律的规定，行政机关的权限范围是由法律来规定的，在无法律基础的条件下不得进行干预人民的自由或限制人民的活动。与此同时，"行政机关中的层级结构以及按等级赋予权威的原则，使行政组织形成了牢固而秩序井然的上下级金字塔结构"。[11] 这种组织体系管理下的行政方式最大的特点是因为所有的行政方式均有一套严格的操作规程，行政主体实行的是被动消极行政，并且其仅在形式上要求行政受法律的拘束，但对法律的实质内容是否正当却不予重视。正如韦伯所言："推进官僚制度的决定性理由一直是超过其他组织形式的纯技术优越性……精确、速度、细节分明……减少摩擦，降低人和物的成本，在严格的官僚制治理中这一切都提高到最佳点。"[12]

在秩序行政时期，政府是消极无为的，行政法的根本宗旨在于控制行政权，以防其侵入个人的自由领域。这一时期公共行政的最佳写照是"管得最少的政府是最好的政府"，而这也正是干预行政的核心，即人的一生几乎可以意识不到政府的存在。

（三）管理行政

"市场不是理想的，存在着市场失灵。"[13] 19 世纪末 20 世纪初，

---

〔9〕 HWR Wade，Administrative Law，Oxford，1989，pp. 3 - 4.

〔10〕［美］希尔斯曼：《美国是如何治理的》，曹大鹏译，商务印书馆 1990 年版，第 500 页。

〔11〕娄峥嵘：《公共管理理论在中国的适用性分析》，载《兰州大学学报》2006 年第 3 期。

〔12〕［美］文森特·奥斯特罗姆：《美国公共行政的思想危机》，毛寿龙译，上海三联书店 1999 年版，第 37 页。

〔13〕［英］凯恩斯：《就业利息和货币通论》，商务印书馆 1981 年版，序言第 5 页。

自由竞争资本主义发展到垄断资本主义时期出现了一系列严重的社会问题，如贫富悬殊、两极分化等，一部分人群连生存都有极大的困难，而20世纪30年代的世界性经济大危机彻底地打破了市场万能的神话。“大量产品滞销，大批工人失业，社会生产力遭致极大破坏。人们开始从残酷的现实中系统地清算市场失灵，并找出了市场失灵的症结在于市场自身固有的缺陷”。[14] “伴随着经济、政治以及意识形态的变化，特别是产业革命、科学革命以及资本的高度集中，有限的消极行政难以保持社会经济的平衡发展，难以满足日益增长的社会需求。在这种社会需求之下，凯恩斯主义经济理论以及作为战后发展模式的“福特主义”在经济领域逐渐占据了主导地位”。[15] 这些新兴的理论与政策，强调国家的经济和社会职能，强调国家在社会经济生活中的重要地位和作用，主张加强国家干预，扩大公共服务领域，推行国家垄断调节政策，大力强化行政职能。

19世纪初，政府主要关心法律与秩序、外交与国防，征税为这些活动提供资金，而到了20世纪末，不但公共领域而且私人生活领域，几乎没有政府不能发挥作用的领域[16]。作为对自由放任所引致的市场失灵的纠偏，政府更容易运用的手段是动用国家强制力，对市场活动所可能引起的市场无序、负外部性、社会不公平等实施管理，利用行政权的单方强制性力量来规范市场竞争秩序，引导企业竞争行为，防范市场失灵所带来的社会恶果，以最终实现经济增长和人民幸福之目的。在这种演变之下，行政已由消极有限的权力行政转化为积极扩张的管理行

---

〔14〕 经过几十年来经济学家们的不断梳理和总结，一般而言，市场存在以下一些具体问题：如市场机制不能解决宏观总量平衡问题，难以及时调整和优化产业结构，不利于公共物品的有效生产，难以解决外部性（externality）问题，不能解决收入分配不公问题，信息不对称以及市场机制容易遭致破坏。这些因素导致市场失灵具有普遍性。

〔15〕 李昕：《公共服务理念下现代行政的特征》，载《行政法学研究》2002年第4期。

〔16〕 Martin Loughlin，The Idea of Public Law，Oxford，2003，p. 11.

政，无论从其活动范围、方式以及主体而言，都日趋多样化、灵活化。行政权的扩张不仅意味着其在传统的行政范围内，还包括其深入到立法和司法领域，行政机关通过委任立法而得到行政立法权和裁判纠纷的行政司法权。管理行政时期的公共行政体现以单方性、命令性和强制性为其主要特征，在立法和制度层面上，主要表现为对社会经济强者的经济自由权的积极限制和对社会经济弱者的“社会权”的保障。

从秩序行政到管理行政，政府的功能发生了明显的变化，并呈现行政功能的积极化、扩大化和复杂化的趋势。政府不再是一个“守夜人”，而是以“救世主”身份渗透到社会的各个领域，使人们从“摇篮到坟墓”都在行政权的作用范围内。诚如托马斯所说：“如果说，政府的权力曾经一度受到限制的话，那个时刻早已过去。我们今天看到的是：这些西方国家的政府从事着几乎无所不包的事务，行政权的运用已从初期的城镇街道深入到每个公民的生活，以及地球以外的空间。”〔17〕因此，就管理行政时期而言，行政法制度的发展史，就是一部日益扩大行政权、不断限制司法权的历史。〔18〕

二、公共行政与行政行为执行力：回应与发展

（一）传统的行政行为效力理论

奥托·迈耶的效力理论是建立在行政行为（Verwaltungsakt）的基础上的，从某个层面而言，没有高权的行政行为就没有效力制度。传统的行政行为效力是指行政行为在法律上的约束作用和强制力以及所产生的效果。一般认为行政行为的效力包括四个内容：公定力、确定力、拘束力、执行力，这四种效力既相互独立，又相互依存。

---

〔17〕参见张焕光、胡建淼：《行政法学原理》，劳动人事出版社1989年版，第8～9页

〔18〕［美］伯纳德·施瓦茨：《美国法律史》，王军等译，中国政法大学出版社1990年版，第201页。

1. 公定力

公定力是行政行为效力体系中的基础和前提，它的有无是行政行为与民事行为的根本区别，是指行政行为一经成立，不论是否合法，即具有被推定为合法有效而要求所有机关、组织或个人予以尊重的一种法律效力。迈耶最早提出了行政行为公定力的理论，其根据是国家或君主的权威。迈耶认为："行政处分的效果辄因行政处分本身所根据的法律上之限制及羁束，而多方面受到约束。但是，这种制约，论其在法律上的性质，与法院（民事）的判决之制约并无异样。违反法律的判决，乃是不生效力的，亦是应予撤销的。唯在其被撤销之前，吾人则应直认其具有法律上的实效性。在判决中所表现的公权力，经常自己确信其为适法。对行政处分而言，毋宁说仍有其适用。"〔19〕根据迈耶的理解，行政行为是有权限的国家、政府、行政组织为了公共利益、社会秩序、行政效力而自我确认合法事项并加以实施的，因此，与审判判决一样，其自身具有权威性，其合法性当然要得以推定。日本行政法学家美浓布达吉继承迈耶的上述思想并明确提出公定力概念，他认为："关于行政行为，一般说来行政厅的组织完备，行政厅被赋予依据法规处理行政行为的权威，并且因为行政厅代表国家或者公共团体的权力，所以，其行为暂且被推定为合法，便是当然的事情了。"〔20〕公定力理论产生后不久，其即被法国、德国、我国台湾地区等诸多国家或地区在司法实践中先后采用。这些国家或地区在移植和借鉴之后，公定力理论内容也发生了相应的变化。由于法国行政立法的不完整和不全面性，其公定力理论主要是通过司法判例的方式确立。在具体内容上也有差别，如法国的公定力理论中区分了无效行政行为和行政行为的不存在，认为无效行政行为具

---

〔19〕城仲模：《行政法之基础理论》，三民书局1998年版，第178页。

〔20〕［日］盐野宏：《行政法》，杨建顺译，法律出版社1999年版，第381页。

有公定力，但是不存在的行政行为却不具有公定力等。在日本，公定力又称为有效推定性，除无效的情形外，实定法上承认行政行为的公定力。

2. 确定力

行政行为的确定力原理最初来源于司法裁判的既判力理论，是指行政行为一经作出，就具有不受任意改变的法律效力。行政行为的确定力是以其公定力为前提的，是公定力引申出来的一个重要效力。既然行政行为具有公定力，即一经作出就被推定为合法有效的，因而非由有权机关经法定程序，就不得任意变更、撤销或废止该行为。行政行为的确定力包括形式确定力和实质确定力两个方面。形式的确定力是指一旦相对人在法定期限内没有寻求救济或已经用尽了救济手段，行政行为不能或不能再通过一般救济手段（复议或诉讼）撤销，行政行为即产生形式上的确定力。行政行为实质确定力，是对行政主体而言的一种不可改变力，即行政主体不得随意变更、撤销或废止所作的行政行为〔21〕。在理论根据上，确定力是法定性原则和诚实信用原则共同作用的结果或要求。行政行为是法在特定事件中的表现，法律规范的安定性要求行政行为本身不受任意改变，法律秩序的安定性要求行政行为所设定的权利义务关系能得到持久维持，如果行政行为没有确定性，则行政行为及所设的权利义务关系的稳定性将始终潜伏着危机，导致对法的安定性的破坏。

3. 拘束力

拘束力是指行政行为一经作出，就具有限制和约束行政主体和相对人行为的法律效力。它既表现为对相对人行为的拘束力，即相对人的行为应符合行政行为的规定而不得违反行政行为的规定；也表现为对行政主体行为的拘束力，即行政主体本身对自己作出的行政行为也应予以严

---

〔21〕 参见叶必丰：《行政行为的确定力研究》，载《中国法学》1996年第3期。

格遵循而不得超越于该行为之外，违反行政行为的规定[22]。

4. 执行力

行政行为的执行力是指对于不履行行政行为所确定的义务的相对人，行政机关无须寻求法院的确定判决，而可直接以该行政行为为执行根据，自行对义务人为强制执行[23]。日本学者南博方认为，在许多情况下，法律上行政厅无须获得判决等债权名义，只需以行政行为自身为依据，便可强制实现其内容。这种强制实现其内容的效力便称为执行力。[24] 具体而言，“行政行为的执行力仅指强制执行力，而不包括相对人的自行履行力，只有在行政行为为行政相对人设定义务时执行力才会发生作用”。[25]

（二）公共行政下的执行力发展历程

行政行为执行力[26]与公共行政存在的互动关系，执行力理论通过不断地发展以回应公共行政演变过程中的现实需要。

1. 统治行政下的执行力理论

在统治行政阶段，执行力是以国家权力的无限性为基础的：国家具有主权、享有最高权力，在法律上拥有广泛权限；国家对其臣属具有单方决定权。行政行为作为国家权力的行使，强制性是其最为明显的表现

---

[22] 周佑勇：《行政行为的效力研究》，载《法学评论》1998 年第 3 期。

[23] 章志远：《行政行为执行力初探》，载《河南省政法管理干部学院学报》2002 年第 3 期。

[24] 盐野宏：《行政法》，杨建顺译，法律出版社 1999 年版，第 43 页。

[25] 赵宏：《行政行为效力问题研究》，中国政法大学 2002 年硕士学位论文。

[26] 由于本书研究的重点是实现力，限于文章篇幅对其他三力并不多做研究，传统的四力在各国已经不断得以发展，即使在效力理论的初创国德国，公法学界于战后深刻反省了自身理论的弊端，在此基础上提出了以存续力为基础与核心的现代“四效力说”，即将行政行为效力归结为存续力、构成要件效力、确认效力及执行力四种。在我国学界也对效力理论进行了本土化的发展，如叶必丰教授和章志远博士对效力的内容也提出了自己的独到见解；详见叶必丰：《行政行为的效力研究》，中国人民大学出版社 2002 年版；章志远：《行政行为效力论》，中国人事出版社 2003 年版。无论效力理论如何的改良或发展，实行力（执行力）都是效力理论中不可或缺的部分，这就为本书专门研究实现力提供了理论支点。

形式，从某种意义上而言，行政权与强制之可以画等号。德国学者奥托·迈耶认为，警察所下之命令乃国家之行为，用强制方法以求，乃当然之事。无法律上之根据，行政权不得任意发布侵害人民权利或自由之命令。唯一旦依法执行法定职权发布下令处分，直接以此下令处分作为执行名义，而不必另有法律依据〔27〕。迈耶的上述理论奠定了执行力理论的基础，即认为依法发动之下令处分，原则上已包括强制执行力。申言之，行政行为执行力等同于行政机关的强制执行，行政行为只能为相对人设定义务，行政主体在行政行为中不需要履行义务。日本学者和田英夫就将执行力定义为“自力执行力”，即“只以行政厅自身的名义和实力，就可强制性地实现行政行为的效力”。〔28〕因此，将执行力界定为“行政行为生效后，行政主体依法有权采取一定手段，使行政行为的内容得以实现的效力”〔29〕，是与统治行政的背景相适应的。

2. 秩序行政下的执行力理论

经济自由主义主张安排经济活动是公民个人的自由，政府的过度管制只会构成对公民权利的威胁，自由主义的代表人物英国的亚当·斯密认为，个人在理性的支配下，在追求自己利益最大化的时候，公共利益可以自发地得到维护和增长，二者可以自然地形成和谐、平衡状态，无须外在干涉。在“看不见的手”的指引下，个人并非出于本意而实现社会利益，反而会比出于本意的情况更有效地促进社会利益。在这种情况下，政府的干涉或监管只会导致财富的减少，政府干预是浪费的甚至是错误的，它会打破个人自由选择带来的平衡，结果可能是摧毁繁荣。所以政府的权力必须受到严格的限制，否则不但不能为人民提供收入或生计，还会引起乱政。亚当·斯密指出，政府主要负有三个重要且人民

〔27〕城仲模：《行政法之基础理论》，三民书局 1998 年版，第 255 页。
〔28〕［日］和田英夫：《现代行政法》，倪健民译，中国广播电视出版社 1993 年版，第 198 页。
〔29〕罗豪才主编：《行政法学》，北京大学出版社 1996 年版，第 113～114 页。

能理解的义务：保护社会不受其他独立社会的侵犯；设立司法机关，保护个人不受侵害和压迫；为公共利益设立公共事业和公共设施。[30] 政府的职能就必须限定在非常有限的范围内。那些职能就是保卫国家安全、维护社会安定，为实现公共利益而提供有限的经济职能和创造经济发展的外部条件。

行政机关作为“守夜人”，行政权的行使受到极大的限制，基本不享有自由裁量权，当时人们的观念就是在安全有序的竞争中，每一个具有平等权利的人的个人利益都能得到最大的实现，无须行政机关加以过多的干涉。该阶段行政行为的执行力理论也开始逐步地弱化行政机关的强制执行，减少行政机关对行政相对人的干预，推崇或强调行政相对人的自行履行。故在秩序行政阶段，行政行为执行力被定义为行政行为所具有的相对人自行执行或行政主体强制相对人执行的法律效力，即行政行为的执行力首先表现为行政机关要求相对人履行该具体行政行为所设定的义务；其次表现为在相对人不履行该具体行政行为所设义务时的强制执行力。[31]

3. 管理行政下的执行力理论

随着现代行政由秩序行政、消极行政进一步扩展到积极行政、管理行政，政府行政的范围被扩大到经济、文化、社会各个领域。可以说在管理行政阶段，行政权已经无处不在、无时不在；加之行政相对方的民主意识日益增强，行政目的由单一的公共利益标准转为包含相对方利益的复合标准。行政目标的实现需要相对方主动配合才能达成，强制行政行为往往无法奏效。同时，市场经济体制在世界范围内的广泛确立，它要求市场在资源配置方面发挥基础性的作用，各类市场主体不再简单地

〔30〕［英］亚当·斯密：《国民财富的性质和原因研究》（下卷），郭大力、王亚楠译，商务印书馆1981年版，第253页。

〔31〕罗豪才主编：《行政法学》，北京大学出版社1996年版，第189页。

被视为行政的客体和实现行政目标的手段，相反却被视为对国家有责任感的行政管理的合作伙伴。

管理行政阶段提倡行政行为主体之间的配合，强调无论是行政主体还是相对人都有实现行政行为内容的义务，并且将行政行为执行力定义为“对行政主体和行政相对人双方主体的一种法律效力。双方主体对行政行为所设定的内容都具有实现的权利义务。当该行为为行政相对人设定义务时，行政主体具有要求相对人履行义务的权利，行政相对人负有履行义务的义务；当该行为为行政相对人设定权利即为行政主体设定义务时，行政相对人具有要求履行义务的权利，行政主体负有履行义务的义务”。[32] 如在该阶段的法国，行政行为的执行力，是对具体行政行为所设义务的自行执行或强制实现的法律效力，即行政行为的执行力首先表现为行政主体应自行履行其义务的法律效力，其次表现为在行政主体不履行其义务时，相对人可以通过诉讼等途径促使其履行义务的法律效力。[33] 因此，管理行政下的行政行为的执行力理论，执行力的对象不仅包括相对人，也包括行政主体。行政主体同样需要履行义务，这无疑是行政行为执行力发展历史上质的突破，代表了民主法治的发展方向。

第三节　行政行为执行力理论的新背景：服务行政

一、服务行政的确立及中国图景

（一）服务行政的确立

从20世纪70年代开始，西方国家出现了以“一低三高”（低经济

〔32〕 姜明安主编：《行政法与行政诉讼法》，北京大学出版社、高等教育出版社1999年版，第157页。
〔33〕 王名扬：《法国行政法》，中国政法大学出版社1988年版，第167页。

增长、高通胀、高赤字和高失业率）为特征的“滞胀”现象，凯恩斯的国家干预主义负面效应日益显露出来，人们对凯恩斯主义宏观经济理论的共识破裂了，各国再次受到世界范围的政府改革浪潮的冲击。曾经主导西方公共行政领域近一个世纪之久，并被誉为是行之有效甚至是最佳的传统或称主流的管理行政，遭受到新的外部环境的越来越严峻的挑战，其近乎刻板、僵化的科层体制越来越不能适应迅速变化的信息和知识密集型社会和经济生活，其“赖以建立的两大理论基础——威尔逊和古德诺的政治——行政二分论和韦伯科层管理理论均无法回答和解决政府所面对的日益严重的问题和困难：政府财政危机，社会福利政策难以为继，政府机构日趋庞大臃肿，效率低下，公众对政府能力失去信心，‘政府失败论’开始占据主导地位。”〔34〕“政府失灵”〔35〕使人们怀疑行政国家控制全部社会事务的有效性。人们意识到：如同市场失灵一样，政府同样会失灵，市场解决不好的问题，政府也不一定能解决好，而且政府干预的失败代价更高、更可怕。

诚如奥斯本所言，“我们的政府今天已经处于深重的麻烦之中。政府一个接一个地不断更迭，公共制度一个接一个地不断变换，留下的选

〔34〕金太军：《新公共管理：当代西方公共行政的新趋势》，载《国外社会科学》1997 年第 5 期。

〔35〕对政府失灵现象及其原因的揭示和分析，自然地就要涉及经济理论的变革。公共选择理论（public choice theory）独树一帜，开创了一种全新的经济学研究视角，将人们从相互交易中各自获益的概念应用于政治决策领域，弥补了传统经济学理论缺乏独立的政治决策分析的缺陷，故而有“政治的经济学”之称。具体言之，公共选择理论突破传统经济学主要研究经济市场供求行为及其决策行为的窠臼，认为在人类社会的另一个市场即政治市场上，其市场主体与经济市场上的主体是相同的，其行为并不存在截然对立的“善恶二元”之分，政府的政治行为类似于经济市场行为，因此，对政治活动完全可以使用经济学的方法来加以研究，即方法论的个人主义、经济学的交换范式和经济人假说，两者的决策行为和交换行为都具有共通性。按照公共选择理论的领袖人物詹姆斯·布坎南在其《公共选择理论》一书中的设想，公共选择学派想要做的事情就是，套用人们以往检查市场经济缺陷的方法来研究政府和公共经济部门，论证政府干预的限度，分析政府失灵的原因，最终完善政府行为。

择只有一个，这就是改革。"[36] 西方各国掀起一场市场化导向的公共行政改革浪潮，人们开始审视民主在公共行政领域的地位，"顾客导向"为目标的公共行政改革相继展开。在重塑政府的口号下，以服务为行政[37]的宗旨，顺应社会需求，转变政府职能，改革公共行政管理的模式，打破公共职能的国家垄断，实现政府、社会分担行政，在有限政府的前提下，满足日益扩大的公共需求，成为新一轮改革的中心，并为以"公共服务"为理念的公共行政赋予新的内涵[38]。这种公共行政服务满足了对公民主体性地位的认可和尊重，以及市场经济条件下市场主体对行政行为目标多元化的需求，促进了公平、正义、自由、秩序等基本社会价值的实现。在服务行政理念下，政府体制的运行更多地采用市场竞争模式和弹性政府模式，政府不再是公共权力资源的唯一垄断者，对于社会可自行调节的领域，原来的政府职能交给社会中介组织去实施和管理，提倡社会自治，尽可能避免国家权力在服务行政中可能出现的异化。服务行政要求政府树立"顾客至上"的服务意识，政府的任何行政行为都应当把为人民服务放在首位，把公众的满意度作为政府工作的追求目标和评价标准。政府已被"重塑"，它不再是国家这艘船的"划

---

[36] [美] 戴维·奥斯本、特德·盖布勒：《改革政府：企业精神如何改革着公营部门》，上海译文出版社 1996 年版，第 313 页。

[37] 服务行政的概念具有全面性与先进性，现代服务行政的领域不仅限于国家的"生存照顾"。为了适应现代工业社会的生存方式，公民要求国家提供更多的服务，政府必须提供更多的、全方位的服务措施，如建立妥善的公用事业、社会救济、文教事业等，来照顾公民的生活所需；同时，服务经济的建设与发展也成为服务行政的重要内容。因为国家经济之繁荣或衰退，往往是国家命脉及民生福利所系，振兴国家的经济，成为国家行政责无旁贷的任务之一。近年来，由行政主体提供津贴以奖励私人企业的发展，或提供信息、技术、贷款等经济辅助措施来扶持企业发展，已经成为国家服务行政的重要环节。服务行政是以造福公民为目的的，是具有形成性的授益行为，故以国家行政的非强制方式提供服务为主，但为实现服务行政目的也可以采用强制的公权力行政法方式，如以行政决定强制公民入学等。参见陈新民：《中国行政法学原理》，中国政法大学出版社 2002 年版，第 30 页。

[38] 李昕：《公共服务理念下现代行政的特征》，载《行政法学研究》2002 年第 4 期。

桨者”而是“掌舵者”，它有义务与广泛的合作者共事，[39] 与此相对应，行政行为不再认为公共行政仅仅是单纯的管理活动，而把它看作是为行政对象服务的活动。

服务行政对政府职能及其与社会的关系进行了重新定位，以1979年英国首相撒切尔上台作为起始标志，英国保守党政府首先开始了对服务目标导向的积极探索。20世纪80年代以后，英国的公共服务宪章运动、美国的政府创新运动、韩国的亲切服务运动、新加坡的好政府建设运动等。各国政府都以“服务”的本质精神来诠释“公共”，从而实现了人类社会行政模式的人性回归。申言之，从管理行政与服务行政，虽然只是两个字的变换，但实质上却意味着行政权力逐渐还原了本来的面目，即权力来源于公民权利决定了服从和服务于公民权利是权力的最终目的。诚如狄骥所言：“这种公共权力绝不能因为它的起源而被认为合法，而只能因为它依照法律规则所作的服务而被认为合法。”[40] 因而，公共权力运行的正当性就在于把服务理念作为公共行政的价值范式，而其价值取向可以描述为：公共行政是为了便利和满足公众与社会的需要、促进社会和谐发展，根据顾客的要求提供回应性服务，在公共利益的指引下，尽量采取柔性化的行政方式服务于社会、服务于公众。

（二）服务行政在中国的图景

1. 计划经济下的管制行政

作为上层建筑的一部分，任何公共行政都不是独立产生的，它是以一定的经济要求和条件为基础的，并且服务于经济的各个方面。改革开放以前，我国公共行政是以计划经济为中心而运行的。在以计划经济为

---

〔39〕 N Douglas Lewis, *Law and Governance*: *the* Old Meets the New, Gavendish Publishing Limited, 2001, p. 12.

〔40〕 ［法］狄骥：《宪法论》，商务印书馆1962年版。转引自陈俊：《中关村科技园区立法之“服务行政”要论》，载《政法论坛（中国政法大学学报）》2001年第2期。

主导的经济运作方式中，公共行政强有力的支配着经济的运行，其影响力渗透到经济生活的每一个环节，市场自身的规律以及它对上层建筑的反作用力被人们忽略甚至扭曲。

在计划经济体制下，政府总是偏好使用国家强制力，以命令、控制或者限制的手段单方面地推进行政目标的实现，而很少顾及社会公众特别是行政相对人的愿望和要求。政府及行政人员在制定政策、实施决策中总是围绕政府进行价值选择与判断，管制行政的模式严重偏离了公共行政的“服务”价值取向。虽然也强调“为人民服务”，但是从总体上讲，管制行政〔41〕由于强调政府的单方性而缺乏对公众特定反应的重视，而且管制行为本身似乎也并不在乎或者不需要公众的反应。作为特定时代背景和历史发展阶段的产物，建立在计划经济基础上的管制行政具有两个特征：

第一，在管制行政中，政府是具有无限的扩张性与渗透性的集权政府，社会的自主性受到一定程度的限制，社会中的大多数公民处于被动地位。公共行政过程很少有公民的实际参与，公民社会的自治能力几乎被完全束缚，无法形成具有完全独立人格和批判精神的主体。从历史的维度观察，管制行政中的行政主体在治理活动中经常出现越位、错位和缺位的情形，不仅管了诸多无法管的事情、管不了或管不好的事情，而且对应当管的事情却没有进行有效的管理。

第二，在管制行政中，行政机关以命令行政、非制度行政与身份行政的管理方式来实现秩序与稳定的目标。首先，行政机关是整个政治生活的中心，也是整个社会的权力中心，行政机关在制定与执行公共政策的过程中，缺乏与公民的公共协商，缺乏对公民公共需求的回应性，其

〔41〕管制行政与前文所论述的统治行政或管理行政是存在差异的，管制行政是社会主义国家特有的一种公共行政，其以计划经济为基础；而统治行政或管理行政是西方各国公共行政发展通常所经历的阶段。

所制定的公共政策与社会的公共需求会存在偏差。行政机关通常采取强制与命令的管理方式与手段执行公共政策，整个社会的正常运转依赖的是自上而下的行政命令。其次，行政机关不仅采取命令行政与强制行政，而且也往往采取非制度的管理方式。在行政机关的行政活动中充满了人治色彩，其政策行为具有很大的随意性，政府官员被赋予了极大的自由权力，行政机关领导者的意志居于中心地位。最后，行政机关在公共行政中采取了身份行政的管理模式，在治理过程中无法平等地对待所有公民，往往对一部分公民采取歧视行为，使这些公民的尊严受到了伤害。

2. 市场经济对服务行政的呼唤

中国传统社会的结构是一个“强政府，弱社会”的二元对立的社会结构模式，由于受传统体制和农耕经济、计划经济体制的影响，长期以来形成了公众对行政权力的认可和习惯性服从。与西方相比我们缺少一个独立的、活跃的和强有力的公民社会，并且“中国人有期待清官治世的传统心理，这一传统切合基于治理能力的民主理论，他不允许更多的个人参与政事并在此过程中发展民主制度，而是强调创意和官员能力的重要性。中国人习惯把政府和国家看作是高于个体的衣食父母，不习惯把公民权利看作是个人和国家在平等基础上达成的社会契约的一部分。”[42]

改革开放以后，中国由计划经济逐步走向市场经济。依据市场经济的基本理论，市场有其自身的运作规律，靠“看不见手的作用”来解决市场运行中出现的问题，即市场对资源配置起着基础性作用。经济体制的转型要求政府的行政体制、管理范式也必须作相应的调整和改革，

---

〔42〕 张梦中、马克、霍哲主编：《探索中的中国公共管理》，中山大学出版社 2002 年版，第 402 页。

政府应着力于提高人民的物质文化生活水平，行政机关的行为被严格的限制在有限的范围内，主要是培育市场、保证市场的有序发展。申言之，国家与社会层面的宏观治理应该从“单中心”的统治走向“多中心”的治理，行政机关的运行方式应从管制与命令走向服务和协调。“在公共管理中，控制关系日渐式微，代之而起的是一种日益生成的服务关系，管理主体是服务者，而管理客体是服务的接受者。所以……必然造就出一种新的社会治理模式，是一种服务型的社会治理模式。”[43]

进入转型时期以来，社会日益形成新的利益格局，价值观念日渐多元化，社会公众主体的自我意识苏醒、民主法治意识也逐渐增强。利益源泉的多元化使得公民个体的自由度大大增强，个体意识正逐步苏醒，社会公众从轻视个人利益得失，转向把在不损害集体和他人利益的前提下追求个人利益的最大化看作理所当然，人作为社会主体的价值正得到社会的广泛认同。社会公众对行政的服务性期望值越来越大，行政机关政府要有效地实现其公共行政职能，就必须依法公开公正高效地行使职权，切实发挥政府的服务功能和作用。因此，在经济转轨、社会转型以及民众民主意识不断提升的大环境下，建立服务的价值观是我国“服务行政”与“服务型政府”之现实发展的必然逻辑（见表1－1）。

表1－1 服务行政和管制行政的区别

区别参数	服务行政	管制行政
社会基础	市场经济	计划经济
核心理念	服务	管理
追求目标	满足公民与社会的需要	秩序
政府与社会的关系	国家与社会适度分离与合作	政府至上、社会事务国家化
政府与公民的关系	政府与公民互动	全能政府、消极公民
政治治理方式	法治	人治与法制

〔43〕 张康之：《公共管理伦理学》，中国人民大学出版社2003年版，第7页。

3. 服务行政在我国确立的现实路径

服务行政作为公共行政发展的必然趋势，也是各国政府所共同追求的行政理念。我国1982年《宪法》第27条第2款明确规定："一切国家机关和国家工作人员必须依靠人民的支持，经常保持同人民的密切联系，倾听人民的意见和建议，接受人民的监督，努力为人民服务。"这在最高法层面为服务行政的合法性提供了根本性保证。

改革开放以来，我国面临着经济的全球化、市场化和信息化的影响，公共行政的范式面临着新的选择。2001年我国成功地加入了世贸组织，选择服务型政府无疑是最具合理性和必然性的，服务行政较之于管制行政能更好地适合世贸组织规则的要求。除了客观上对服务行政建立的需要，我国政府主观上也积极推进公共行政的改革。2003年，党的十六届三中全会把政府职能定位为"经济调节、市场监管、社会管理和公共服务"四个方面，将公共服务明确定义为政府的主要职能之一。此后的十届全国人大二次会议中通过的《政府工作报告》也明确指出："各级政府要全面履行职能，在继续搞好经济调节、加强市场监管的同时，更应注重履行社会管理和公共服务职能，提高政府的公共服务水平，促进经济发展与社会协调一致，促进中国公共行政系统由传统型向现代公共服务型转变。"自此，服务行政便成为我国公共行政改革的目标选择。公共行政的改革目标在本质上体现了从政府本位、官本位向社会本位、民本位的转变，体现了公共行政对服务价值的回归。2004年国务院颁布的《全面推进依法行政实施纲要》提出："经过十年左右坚持不懈的努力，基本实现建设法治政府的目标。"这就要求各级政府和行政机关要转变政府职能，深化行政管理体制改革，强化公共服务职能和公共服务意识，简化公共服务程序，降低公共服务成本，提高办事效率，提供优质服务，方便行政相对人，逐步建立统一、公开、公平、公正的现代公共服务体制。2007年胡锦涛总书记在党的十七大报告中指出，要加快行政管理体制改革，建设服务型政府。这是我国第一次把服务行政的实践治理模式——服务型政府写进报告里，这标志着服务行政的实现不仅是当前公共行政发展的必然趋势，也是新形势下进一步转变政府职能，深化经济体制改革的当务之急。

服务行政的确立不仅需要借鉴、吸收西方的服务行政的理论与实践成果，而且必须对本土化的问题有个清楚的认识。与其他国家服务行政相比，我国的服务行政是建立在不完善的市场经济体制基础上的，公共服务的总量不足、水平较低，政府还没有完全实现从经济建设型政府到服务型政府的转变。当前首要任务是确保行政机关为社会公民提供基本的公共服务，实现两个根本转变：一是政府理念的转变：从“管制”到“服务”。中国历来是强政府、弱社会，政府管理中重视管制，政府事实上凌驾于社会之上。因此，政府管理理念从“管制”到“服务”的转变是我国政府改革首当其要的课题。二是政府角色的转变：从“万能”到“有限”。传统的“万能政府”规模大，职能角色不清，往往造成政府职能错位、越位和缺位，不能起到较好的“治理”作用。善于“治理”的政府应该是有所为有所不为的，其主要职责是培育社会的自治能力，“做市场不能做的事情”以弥补市场不足。

二、服务行政对行政法的影响

随着社公共行政理念的发展，公共行政已不再简单局限于对行政秩序的维护，而更多地在于谋求人民福利，而福利国家对于社会保护的承诺加强了民主政体的合法性[44]。一种有别于传统秩序行政的、以提供公民福祉为目的的“服务行政”应运而生，并迅速发展成为与传统秩

〔44〕 Paul Pierson，Dismantling the Welfare State：Reagan，Thatcher and the Politics of Retrenchment，Cambridge University Press，1997，p. 3.

序行政分庭抗礼的另一大领域。厄斯特·福斯多夫（Ernst forsthoff）1938年发表《当成是服务主体的行政》一文正式提出“服务行政”概念与理论认为生存照顾乃是现代行政的任务。“虽然福斯多夫所提出的‘生存照顾’概念……已不能再享有最高学术价值之评价，但并不妨碍现代国家及行政已经融入深厚的‘服务’观念。今日，当民众及学术界无不认为国家应该是一个服务全民的‘服务国家’……由狭义的‘治安’行政，到有‘对价’性质的公用事业服务……到完全由国家（行政）单方面提供之救济性服务……都可以包括在现代‘服务国家’的服务范围之内”〔45〕。公共行政任务的转变必然对行政法学产生全面而具体的影响，因为行政理念与国家权力的行使密切相关，一旦通过权力行使所实现的国家任务有所改变，则相应的行政法学理论和方法也就相应转变。这种转变不只是因为国家行政职能的扩张而导致增加新的法律内容于旧的行政法学之内，而是整个行政法产生的实质转变〔46〕。

（一）行政职能的积极化

在公共行政的发展历程中，统治行政、秩序行政、管理行政对政府的职能定位徘徊于“大政府”与“小政府”之间。在统治行政阶段，政府的权力几近于毫无限制，包括私生活在内的所有领域都由政府统治；在秩序行政阶段，根据古典自由主义经济学家亚当·斯密“看不见的手”的理论，政府只有极有限的“打更、守夜”的权力；在管理行政阶段，以凯恩斯为代表的“政府干预论”则演变为一个“救世主”的形象，政府的权力渗透到社会的各个领域。而在服务行政的理念下，公共行政摆脱了“管理”的桎梏，不再纠缠于“大政府”与“小政府”的划分，政府对自己的公共行政有了个清晰的界定：政府职能的设定是

〔45〕 参见陈新民：《公法学札记》，中国政法大学出版社2001年版，第48、89页。
〔46〕 参见陈新民：《公法学札记》，中国政法大学出版社2001年版，第94页。

为了回应社会需求，其关键是积极与否，而与其权力大小没有关系。申言之，政府职能主要在于积极地为公民自治提供高质量、高效率的公共服务，凡是属于公民私域自治和社会共同体自治范围内的事务，国家行政无权干预。

伴随着社会经济、文化的发展，政府消极的行使职能已经难以保持社会经济的平衡发展，无法满足日益增长的社会需求，积极的服务行政成为一种时代趋势。为了适应现代工业社会的生存方式，政府应当主动提供更多的、全方位的服务措施，如建立妥善的公用事业、社会救济、文教事业等，来照顾公民的生活所需。从这个意义上而言，服务行政理念的确立标志着政府的行政从传统消极的权力行政步入了积极的服务行政。正如狄骥所言："今天，作为某种复杂变革过程的结果，一方面归因于知识进步，另一方面归因于经济与工业的发展，政府的事务已经超出了提供司法、警察和战争防御的范围，人们要求它履行各种其他职能……包括公共教育、济贫、公共工程、照明、邮政电报电话，以及铁路运输。""国家不仅有义务不损害个人的物质、智力、精神活动的自由发展，而且还有义务为保证所有个人充分发展其物质、智力和精神活动而制定必要的法律，组织必要的公用事业。"〔47〕总之，在服务行政条件下，国家必须扩展其原有的那种"外御强侮"、"内维治安"的职能，积极采取切实的措施，力求为社会、为公民提供更多的服务和"生存照顾"，现代行政权应该转变角色，扮演"一个为照顾公民生活所需，而提供积极服务、给付行为的主体"。〔48〕

（二）体现服务理念的行政法原则

在传统的公共行政理念下，行政法的基本原则更多注重的是法治的

---

〔47〕［法］莱昂·狄骥：《公法的变迁》，郑戈、冷静译，春风文艺出版社 1999 年版，第 38、39 页。

〔48〕陈新民：《公法学札记》，中国政法大学出版社 2001 年版，第 55 页。

形式，主要强调政府依法行政，即行政权的存在、行使必须依据法律，符合法律，不得与法律相抵触。德国行政法学家奥托·迈耶主张的法律优先原则和法律保留原则就是对依法行政的具体诠释。法律优先原则要求行政机关不得实施与法律规定不一致的行为，任何行政行为若与法律规定相冲突则违法无效；法律保留原则要求行政机关的行政行为必须有明确的法律授权，无法律授权不得行为。

服务行政的确立必然会对行政权的行使提出更高的要求，形式法治已无法满足行政理念的发展。在服务行政为基础的情况下，对于提供福祉的行政行为不必严格遵循依法行政，即向公民提供服务的行政行为，行政机关不必拘泥于法律的规定。“由于‘服务行政’的出现，当人民有所请求时，即使法律、法规没有明确授权而又未明文禁止或限制的行为，政府也应当根据法的基本精神与宗旨和法定的行政自由裁量权，主动作为，积极为人民谋福利。”[49] 平等对待原则、比例原则和信赖保护原则的出现满足了行政法从形式法治逐步转化为实质法治的需求。

（三）行政主体的多元化

行政主体是指享有行政职权，能以自己的名义进行行政管理活动，并能独立承担自己行为所产生之法律责任的组织。在服务行政的背景下，为适应现代社会的发展，提供公共服务满足多元化的社会需要成为现代行政面临的重要目标。当提供公共利益和服务是现代行政的目标时，在完善行政机构的基础上，可以通过行政分散化的途径实现公共服务的目标，即将公共行政的职能分散于多个主体，培养、扶持政府之外的其他公共服务机构。也就是说，除了行政机关行使行政职权以外，其中一部分国家权力通过立法将之交付介于国家与公民之间的“非政府

〔49〕 郭道晖：《行政权的性质与依法行政原则》，载《河北法学》1999 年第 3 期。

组织”（NGO）、“第三部门[50]”等的社会组织行使。在法国，这种行政分散化通过行政分权制度得以实现。这种行政分权制度改变了传统国家垄断公共行政的局面，使得现代行政从政府的直接行政过渡为直接行政与其他非政府机构间接行政的并存，从而实现了公共管理的分散化与间接化。[51]

在我国，为回应社会的变迁与公共行政的发展，以及为更好地解决非政府公共组织行使公权力所产生的法律问题，必须发展行政主体理论，赋予行政主体新的内涵。尽管我们仍可以将行政主体的概念表述为享有行政权，以自己的名义实施行政管理活动，并能独立承担自己行为所产生的法律责任的组织，但这里的“行政权”，已不仅仅指国家行政权力，除了国家行政权力外，还包括社会公行政权力；这里的“行政管理活动”，不仅指国家行政管理活动，还包括社会公行政管理活动。这样一来，行政主体的范围就不仅包括作为国家行政主体的行政机关和法律法规授权的组织而且包括作为社会公行政主体的非政府公共组织[52]。行使社会公权力的组织是各种各样的，如作为基层群众性自治组织的村民委员会、城市居民委员会，作为行业组织的律师协会、医师协会，作为学术机构的大学、研究院等。这些组织既可根据法律、法规、规章的授权或行政机关的委托行使一定的国家行政职权，也可根据其本身的章程对其内部公共事务进行自治管理，行使社会公权力。如村民委员会可制定村规民约，调整村民内部关系；律师协会可制定律师自律性规则，

---

〔50〕“第三部门”是指一切既不属于政府公共部门，又不属于以营利为目的组织的所有社会组织。在西方，“第三部门”是代表着公、私领域二元建构基础上的一种社会中介机制，发挥着既不同于政府的社会事务管理功能，又履行一般商业经营的社会服务义务，同时，它又是公民参与的一个重要路径。自20世纪八九十年代开始，随着西方国家福利制度的改革和政府管理方式的转变，第三部门的作用更加受到重视。

〔51〕李昕：《公共服务理念下现代行政的特征》，载《行政法学研究》2002年第4期。

〔52〕参见石佑启：《论公共行政之发展与行政主体多元化》，载《法学评论》2003年第4期。

规范律师行为；大学可制定内部行政管理和学术管理规范，调整学校内部的各种关系。各种非政府公共组织行使着一定的公共权力，参与公共物品的供给，使得公共行政的主体呈现多元化。这势必会突破我国行政主体的预设范围，对行政主体理论产生冲击。由于行政权力向社会转移和公民参与国家行政管理，行政主体已不再局限于国家行政机关，在现代行政法制下，行政权实际由国家行政机关、社会和公民共同行使了，尽管国家行政机关仍是最重要的行政主体〔53〕。

（四）行为方式的多样化

从“公共管理”走向“公共服务”是公共行政发展的必然趋势，这种趋势发展拓宽了行政的外延。伴随着这种扩张趋势，引发出行政民主化、灵活化以及方式多样化等现代行政的需求。在传统的公共行政理念中，基于保障公共秩序的目的，其行为的方式多体现具有命令性和强制性色彩的处罚、强制、征收等，这种行政方式被称为规制行政或警察行政。如西方自由资本主义时期，由于政府的职能主要限定于社会秩序的维护，行政的方式多为此种规制行为。就我国而言，在长期计划经济的单一体制下，由于社会结构的单一化以及公共领域的泛化，政府主要通过公权力手段对社会经济活动进行强制控制，实行高度集中、全面控制的政府管理模式。在这一模式下，一方面，政府职能与管制渗透于社会生活的每个角落；另一方面，管理方式却呈现单一化，从而形成政府以权力行为的方式管制复杂社会生活的局面〔54〕。因而，在传统公共行政理念下，行政法基本上与强制性行政联在一起，行政就意味“命令—服从”，这种行为方式不仅缺乏民主色彩，还会由于相对方的有形、无形抵制而降低功效。

---

〔53〕 姜明安：《新世纪行政法发展的走向》，载《中国法学》2002 年第 1 期。

〔54〕 李昕：《公共服务理念下现代行政的特征》，载《行政法学研究》2002 年第 4 期。

伴随着政府服务职能与义务的加强，传统的“命令—服从”行为方式已经无法适应社会的发展。“今天，除维持治安和确保税收这样一些传统的权力作用外，与人民福利紧密相连的非权力性的管理作用，在行政活动领域越来越占主要地位。”“……再经一、二次大战，福利国家（Wohlfahrtsstaat）、保护国家（Fursorgestaat）、助长行政（Forderung srerwaltung）、给付行政（Leistung sverwaltung）等新颖之国家目的及行政作用论逐渐被接受，行政机能遂呈几何级数之增繁多涉，行政之自我肯定与其主动、积极及弹性化之要求，日益迫切……”[55] 由于服务行政所涉及的范围相当广泛，加之事物本身的性质极其复杂，单凭国家自身的力量远远不足以满足公民对“生存照顾”以及“服务”的需求，因此，出现了契约、指导、协商、鼓励、帮助等非强制性行为方式，这些行为方式的出现有助于转变政府的职能，改善行政机关与相对方之间的紧张关系，它通过提高行政相对方行政参与程度与参与范围的方式来实现行政目标。正如托克维尔所观察到的，国家的能力依赖于他的正当性，一个有限的政府远较一个拥有无限权力而不讲法治、恣意专断的政府更值得民众信赖，更具对民众的号召力。而现代社会的政治过程更多地体现为一种说服与协商的过程，体现为民众的自觉与自愿的服从与认可，而不是简单的命令与服从。[56] 给付、指导、奖励等行为方式是公共行政不断演进的结果，是从主张完全排斥政府干涉到主张政府强硬干预再到主张政府进行柔性干预的产物。

与此同时，行政私法行为的兴起契合了也服务了行政所引发的传统行为方式的转变，越来越多地以私法的手段来达成公法的目标。所谓行政私法行为，是指行政机关在法定职权范围之内，以私法行为的方式来

---

〔55〕［日］西冈等：《现代行政法概论》，康树华译，甘肃人民出版社 1990 年版，第 9 页。

〔56〕转引自张树义、蔡乐渭：《回归与重构：服务行政在中国的源起》，载《政法论坛（中国政法大学学报）》2007 年第 2 期。

达成公法上目标的行为。日本行政法学者盐野宏教授认为，“实体法上区别公法和私法是没有多大意义的”，行政机关在调整公共事务管理的法律适用和救济方面，不是机械地适用公法的规定，而是根据问题定向，采用“提示问题方式的概念”，以平等、比例、公正为原则适用公法或私法实现公共利益。[57] 在对行政相对人提供服务的给付行政领域中，越来越多地开始使用私法上的契约手段，行政机关往往尽可能地优先采取行政私法的行为方式，只有在私法途径不足以达成公法目标时，方才采用传统的公权力行政方式。如此一来，有碍于立宪主义目标实现的诸种障碍得以避免，而且公民所期望之诸种服务和“生存照顾”也得到最大限度的实现。而且与传统的公权力行政行为方式不同的是，行政私法行为并不完全绝对地适用法律保留原则，其行为的自由度比较大，更能够适应变化的社会情势和保护相对一方的权利，事实上，这也正是其在新形势下保持活力的原因所在[58]。

三、行政行为执行力与服务行政的冲突

秩序行政和管理行政理念下的执行力理论，尽管对执行力理论有所发展，不单纯地局限于行政机关的强制执行，但其前提预设仍然是权力本位与管理理念。这样的前提预设无疑将与服务行政相冲突。

（一）执行力凸显权力本位

执行力理论中凸显的是权力本位，而非公民权利的保障。执行力理论将权力的运行作为研究效力理论的核心，片面地强调了行政主体的意志具有绝对的正统性，行政相对方的意志和利益没有受到法律的同等尊重和认真对待。因而，行政的目的只是强制推行行政主体的单方意志，

---

〔57〕［日］盐野宏：《行政法》，杨建顺译，法律出版社1999年版，第35页。

〔58〕参见刘志刚：《论服务行政条件下的行政私法行为》，载《行政法学研究》2007年第1期。

即由行政机关设定了行政行为中的义务，而其执行自然也主要成了行政机关对行政相对人的强制执行。执行力理论忽略了行政相对方所应当拥有的权利，其凸显的是权力本位。

（二）执行力体现管理理念

虽然执行力的理论有所发展，其内涵得以扩充，包括了行政机关的自行履行，但其目的仍然是实现行政机关的管理，没有走出行政法“管理论”的束缚，其重心仍为管理至上。管理论者主张，行政法是规范行政相对人行为，保证行政管理顺利进行，以建立和维护有利于提高管理效率、实现管理任务为目的。为了行政管理的需要，行政主体与行政相对人身份、地位应该有所不同，行政权与公民权利相比较而言，行政权理应比公民权利更为重要。而在价值导向上，执行力中的管理理念重视国家利益，以国家利益为本位，政府无所不管无所不包，行政主体为占据绝对支配地位的管理者，在行为方式的采用上主要表现为行政权的强制性。

综上，执行力所体现的管理理念明显滞后于服务行政所提倡的服务理念，需要新的理论予以代替。

第四节　行政行为实行力概念的提出

一、行政行为实行力理论契合了服务行政的精神

为了与服务行政的理念相契合，需要对执行力理论进行进一步的发展。执行力理论发展面临的首要任务是选择一个更为合适的概念，因为“执行力”这个概念本就有强制执行之义，如果再由“执行力”包含义务人自行履行无疑会造成概念和语义的逻辑混乱。新的概念需要有一定的张力与包容性，笔者倾向于用实行力取代执行力，因为“实行”一

词较为中性，本身可包含“自行”或“强制”之义，即实行力概念的提出能够在词义上实现自足；此外，实行力也为公共行政发展下的效力理论发展保留了一定的伸张空间。行政行为实行力是指生效的行政行为所具有的保证其内容得以实现的作用力。行政行为的实行力既表现为自行履行力又表现为强制执行力，而强制执行力既包括对相对人的强制执行力也包括对行政主体的强制执行力。实行力的核心是行政主体与相对人双方都需要积极的履行义务，其最大改变是强调行政主体的义务履行。

（一）实行力体现了从权力本位到权利本位的转变

法学应当以权利和权力为最基本的研究对象和分析起点，从而形成新的范畴结构和新的法现象解释体系。由权利和权力的实际地位所决定，社会法律生活最基本的矛盾是权利与权力的矛盾。[59] 传统的公共行政把对权力的掌握和行使作为政府的首要职责，拥有权力意味着对他人的控制，意味着对社会重要资源做有倾向性的权威价值分配。权力是一把“双刃剑”，使用得好可以为公民谋福利，然一旦使用得不好必然导致侵害公民权益、威胁政治民主为结果的腐败发生，为此必须对权力进行制约，使权力直接成为为公民权利服务的工具。实行力理论的产生宣告了以命令服从等权力为本位的治理模式的式微，服务行政下的非强制性行政服务手段的兴起更是为实行力理论强调行政机关履行义务作了最好的脚注。从权力本位到权利本位在行政行为实行力理论中就表现为权力服务于权利。

首先，服务行政的理念下，国家的一切权力属于人民，行政主体的权力是由行政相对方赋予的，行政主体权力的配置、行政主体机构的设置及其运作方式和程序都是行政相对方行使权利的结果，不是行政主体

〔59〕 童之伟：《再论法理学的更新》，载《法学研究》1999 年第 2 期。

的权力创造或批准行政相对方权利，而是行政相对方权利创造和批准了行政主体的权力。就行政相对方权利与行政权力两者之源流而言，权利之于权力具有优先性和本源性。行政行为实行力理论准确定位了权力与权利之间的关系，行政主体无论是强制行政相对人履行义务，还是其本身主动的履行行政行为设定的义务，都是服务于行政相对人权利这个目的。

其次，服务行政的基本原则是行政权力服务于权利，行政权力的行使以行政相对方的权益为目的。申言之，设立行政权力的目的、行政权力自身的价值均在于为行政相对方服务，即服务于行政相对方的权利。在行政行为实行力理论中，强调了行政主体对义务的履行，并且当行政主体不履行义务时，强制执行力就会对其发挥效用。这也符合服务行政中强调行政主体的义务履行，行政权力的行使中蕴含有相应的一定义务内容，行政主体的权力行使与义务履行是无法分离的。如果行政主体不履行义务，那么其权力行使的合法性将受到质疑。

最后，服务行政中要防止权力的行使对行政相对方权利的侵害，这就需要行政主体尽可能的采取柔性的手段来行使权力，而行政行为实行力无论是最初产生的背景，还是其本身的特点，都要求弱化行政权力的强制性。故在防止权力对权利的侵害上，实行力与服务行政的理念是相吻合的。

（二）实行力体现了从管理到服务的转变

服务行政强调政府是服务者，公民是顾客，政府为公民服务是政府的一项天职。作为国家权力组成部分的行政权主要体现为公共性和服务性。为了提供优质的服务和便捷地实现公共利益，行政行为方式突破了单一的高权行政处理，行政行为实行力理论丰富了执行力理论的内涵，突破了行政机关对行政相对人强制执行的一元执行模式。行政行为执行力理论强调权力中心、强调命令服从，而忽视民主行政，与服务行政的理念相悖。以西方新公共管理主义为背景的服务行政改革突破了以命令服从为特征的管理型政府的治理模式，政府与公众的关系由治理者与被治理者的关系转变为公共服务的提供者与消费者、顾客之间的关系，这种变化要求政府公共管理在社会公平的基础上更加强调社会责任和民主价值，并将顾客的需求作为政府存在、发展的前提及其改革、组织设计方案应遵循的目标。

（三）实行力体现了从政府本位到公民本位的转变

传统公共行政是政府本位的行政，政府是社会各系统的组织中心，它强调整个社会生活围绕政府，政府本位的行政行为强调政府的至高无上性和无限代表性。服务行政突破了传统公共行政政府本位的桎梏，强调政府应以行政相对人为导向。该理念来源于西方新公共管理主义所倡导的顾客至上理念，顾客至上理念把公民尊为顾客，把顾客满意作为政府追求的目标。从而改变了传统政府模式下政府与社会之间的关系，对政府的职能及其与社会的关系进行了重新定位，把社会公众真正放在了一个平等的位置上，把自己定位成一个服务者的角色。政府不再是凌驾于社会之上的封闭官僚机构，而是负有责任的企业家，公民则是公共服务的消费者——“顾客”或“客户”，企业家式的政府应以顾客的需求为导向，并为其提供高质量、高效率服务的政府。因此，服务型的政府应该是“以民为本”的政府。

政府为达成服务行政这一新的治理模式，需要“站在顾客立场思考”，将顾客视为主要资产，针对顾客需要，设计提供理想的产品与服务，并建立和加强与顾客之间的长期互动关系，了解顾客期望，并将此信息作为改进工作和管理的方向。同时，作为新的治理模式，政府无论在服务理念上还是在服务制度创新上都要体现出公民至上的特点。行政行为执行力理论在主体的中心定位上与传统的公共行政是一致的，即都是以政府为中心，强调行政行为主体以政府为圆点进行运转。尽管政府行使公共行政权力也强调为人民服务的宗旨，但是政府在提供公共服务时在观念上处于“恩赐者”的地位。行政行为实行力理论确立了行政行为主体之间的平等关系，政府不再是单纯强制行政相对人履行义务，更多的是以行政相对人为中心开展服务活动，行政行为实行力理论实现了从政府本位到公民本位的过渡。而服务行政的确立过程也是以官为本走向以民为本的过程，因而实行力契合了服务行政的公民本位的精神。

二、行政行为实行力与行政行为执行力

美国著名的批判法学家罗伯特·昂格尔认为，随着社会历史的不断发展，传统理论与社会变革之间的冲突和矛盾将不可避免。而“只有根据新出现的社会条件带给我们的问题，重铸社会理论的概念工具和方法论工具，我们才能走出这种困境”。[60] 行政行为实行力概念的界定是解决行政行为效力理论与行政法治实践之间困境的理性选择。

通过行政行为实行力与执行力之间的辨析，可以升华对实行力理论的认识。行政行为实行力是指生效的行政行为所具有的保证其内容得以实现的作用力，而行政行为的执行力是指对于不履行行政行为所确定的义务的相对人，行政机关无须寻求法院的确定判决，而可直接以该行政行为为执行根据，自行对义务人为强制执行。其要点可析述如下：（1）并非所有行政行为都具有执行力，具有执行力的仅限于课予了相对人特定义务的行政行为，即德国行政法上的 Verwaltungsakt，台湾行政法上的下命处分，日本行政法上的命令性行为；（2）具有执行力的行政行为亦并非自生效之日起就具有了执行力，须相对人在法定的或行政主体指定的履行期限内未为履行，执行力方始发生；（3）执行力是

---

〔60〕 参见［美］罗伯特·昂格尔：《现代社会中的法律》，吴玉章、周汉华译，中国政法大学出版社 1994 年版，第 1、6 页。

直接基于行政行为发生的，而非基于法院的确定判决。换言之，在相对人逾期不履行行政行为所确定的义务时，行政主体无须通过诉讼和判决的执行来间接地实现行政行为的内容，相反可直接以该行政行为为名义自行强制执行[61]。具体而言，两者存在以下的不同：

1. 理论背景的不同

行政行为实行力是在服务行政的理论背景下提出来的，强调的是行政主体服务于行政相对人，要求行政主体在行政法治的过程中，更多尊重行政相对人的意志，更多考虑行政相对人的利益，更多吸收行政相对人的意志，更多吸收行政相对人参与，淡化权力色彩，减弱强制力度。换言之，在服务行政中，行政行为不仅是限制国民权利自由或课予义务，而且更重要的是包括赋予国民权利或利益的授益性行为。而传统的行政行为执行力是以统治行政理论为背景，认为行政行为的本质属性是行政的意思优越性或权力性，是以警察规制领域的命令、强制等国民必须服从的行为为原型而构建的。

2. 词义上的不同

行政行为实行力中的实行，通常是指用行动来实现（纲领政策计划等），实行的内容较抽象，使抽象上的东西变成现实，如“实行改革”，对象还可以是理论、纲领、方针、主张、计划、规则等。实行这个词义本身没有主动或被动的属性，亦没有强制或自愿的功能属性；而行政行为执行力中的执行，按照《现代汉语词典》中的解释，执行是指“实施；实行（政策、法律、计划、命令、判决中规定的事项）”。[62] 第一个义项“实施”，它泛指将观念或文本中的内容转化为现实的活动，执行个人的工作、学习计划也可以称之为执行。第二个义

---

〔61〕 赵清林：《也谈行政行为的执行力》，载《甘肃政法学院学报》2008 年总第 1 期。

〔62〕 中国社会科学院语言研究所词典编辑室编：《现代汉语词典：2002 年增补本》，商务印书馆 2002 年版，第 1614 页。

项“实行”是把执行限制在政策、法律、计划、命令、判决这几个公权力的领域从而与私人领域分割开来。第二层意义上的“执行”是一个政治或法律的专门用语。而当作为法律用语时，“执行”通常都具有强制性的色彩，“执行”是与“履行”相对称的：法律文书发生法律效力后，债务人主动完成该法律文书确定的义务，就是“履行”；债务人拒不完成生效法律文书确定的义务，由国家专门机关采取强制性的措施迫使其完成义务，称为“执行”。简言之，“履行”是主动的、自觉的；“执行”是被动的、强制的。[63] 并且一般而言，执行是指有关国家机关运用国家强制力将生效法律文书付诸实现的活动。[64] 执行在法律上等同于强制执行，即运用国家强制力强制债务人履行生效法律文书确定的义务，实现债权人的权利[65]。因而从词义上界定，我们可将执行力理解为国家机关强制义务人履行义务的力量，其核心是国家机关的强制力。一言以蔽之，执行包含有强制的属性，对于义务主体而言是处于一种被动状态的行为。

3. 内涵上的不同

就内涵而言，行政行为实行力与行政行为执行力是种属关系，传统的执行力仅为实行力的一个部分。行政行为实行力包括了即时实行力、自行履行力、强制执行力，强制执行力以对象的不同，又包括对行政主体的作用力和对行政相对人的作用力。而对行政相对人的强制执行力就是通常传统行政行为效力理论中的执行力。因此，行政行为实行力在内涵上较传统执行力更为丰富，是对传统执行力理论的继承和发展。

4. 预设前提（具有实行力或执行力的行政行为）上的不同

在德国、日本和我国台湾地区行政法学上，通常根据内容的不同，

---

〔63〕 谭秋桂：《民事执行原理研究》，中国法制出版社 2001 年版，第 2 页。

〔64〕 唐德华主编：《执行法律及司法解释疑难释解》，人民法院出版社 2003 年版，第 1 页。

〔65〕 蔡爱平：《摆脱法律生效后的执行困境》，载《民主与法制》1999 年第 8 期。

将此种行政行为区分为形成处分、下命处分和确认处分（以我国台湾地区行政法学上的表述为例），所谓形成处分，即设定、变更或消灭某种具体法律关系的行政处分；所谓下命处分，即课予相对人特定作为、不作为或容忍义务的行政处分；所谓确认处分，即确定某种权利或具有法律意义的身份、地位或能力存在与否的行政处分。并认为，仅仅下命处分才具有执行力，而形成处分和确认处分，因为一经作出，或者将"直接达到使法律关系发生、变更或消灭的效果"，或者其"对法律状态所作的确认将立刻产生法律上的拘束效果"，本质上毋庸执行，因此，均无所谓执行力〔66〕。而行政行为实行力却认为所有的行政行为〔67〕都是具有实行力的，无论是形成处分、下命处分和确认处分都具有可实行的内容的，行政行为的目的就是要实现公法上的目标和内容。即使是行政确认行为，虽不具有具体的执行行为，但是其目标与内容却在作出之时即得以实行——通过确认某一公法上的法律资格、地位或者权利义务关系使公法意义上的社会关系得以稳定。

5. 时间上的差异

行政行为实行力是在行政行为生效的同时就得以发挥效用，或表现为即时实行力，或表现为自行履行力，而行政行为执行力理论却认为行政行为生效之时尚不具有执行力，只有在相对人在法定的或行政主体指定的履行期限内未履行的前提下，执行力方始发生。如果行政相对人主动地履行了行政行为所确定的义务，那么行政行为执行力就不会发生，即在这样的情形下，执行力并不存在。

---

〔66〕 参见翁岳生：《行政法》（上册），中国法制出版社2002年版，第664~668页。

〔67〕 必须强调的是，本书虽然采用广义的行政行为概念，但由于抽象行政行为、事实行为不具有实行力，故本书中的广义行政行为是一种相对意义上的广义，不具有实行力的行政行为不在讨论之列。

6. 作用对象上的差异

基于服务行政的平等理念，行政行为既可以为行政主体设定义务，亦可以为行政相对人设定义务，故实行力的作用对象是行政行为双方当事人，而在行政行为执行力理论中，作用对象只能是行政相对人，因为传统执行力理论认为只有为行政相对人设定义务的行政行为才具有执行力。

综上所述，行政行为实行力是在服务行政的背景下对执行力的继承和发展。实行力概念的提出适应了时代的需求，是立足于执行力基础上而对其进行的改良与完善。

第二章 行政行为实行力的基本范畴

行政行为实行力作为服务行政下提出的概念，其基本范畴是实行力研究的重要内容。本章通过对行政行为实行力基本范畴的论述，以实现从实行力概念的感性认识上升到实行力理论的理性认识。在具体的论述中，通过对行政行为实行力内涵与特点、内容的梳理，大致地勾勒出实行力理论的基本轮廓；与此同时，通过实行力价值的分析则进一步论证了实行力概念提出的合理性与其意义所在。

第一节 行政行为实行力的内涵

某县人民政府《关于对外开放的优惠政策》曾规定："凡为本县引进独资、合资、合作、补偿贸易项目的，按外商出资额的2%予以一次性奖励。"某经济技术开发区管理委员会《经济技术开发区招商引资奖励办法》也规定："引进的生产性项目，在项目投入使用后，按客商实际投资额的1%～5%奖励中介人。""对牵线搭桥招商引资者实行的奖励，可采取以现金支付或根据奖励数额以赠送别墅及其他形式抵付等方式，由市开发区管委会负责兑现。”当某行政相对人从事了引进资金及项目的活动后，要求政府按照相应条款给予奖励时，这就涉及实行力中的两个问题，其一是行政主体在行政行为中是否具有义务？其二是如果行政主体需要履行相应的义务，当其不履行义务会给行政相对人权利造成损害时，是否可以对行政主体进行强制执行？正本先必清源，在对行政行为实行力概念已经界定的前提下，必须对其内涵进行全面系统论述，以深化对实行力理论的研究。

一、生效的行政行为具有实行力

随着公共行政的发展，行政主体行为方式的多样化必然导致行政行为的概念不断扩展。为了适应传统的效力理论而将行政行为的范围简单地局限于行政处理，即仅限于设定相对人义务的行政行为才具有执行力。这无疑是一种因循守旧的保守做法，不利于行政法学的发展。如果仍沿用行政行为执行力理论无疑也无法对广义的行政行为进行对应或解释，这就需要一种新的效力理论，而实行力的提出克服了执行力的诸多弊端，其主张所有生效的行政行为都具有相应的实行力。

1. 行政行为效力的内容之间在逻辑上是周延的，实行力与其他力是并存的。

从效力内容之间的关系进行分析，一方面，行政行为的存续力、既决力[1]为行政行为的实行力奠定了基础，对行政行为实行力起了支持的效用，即一旦行政行为具有了存续力、既决力，那么就必然导致行政行为的实行力的出现；另一方面，如果行政行为不具有实行力，那么其

[1] 关于行政行为效力的内容划分为存续力、既决力，既决力是对行政决定所记载的意思表示和认定的事实，相对人、行政主体、监督机关以及其他社会主体都有义务作为既定事实加以承认和尊重，都受既决的行政决定内容的束缚，不能作出与该行政决定相反的认定和处理。参见江必新：《行政行为效力体系理论的回顾与反思》，载《江苏社会科学》2008 年第 5 期。

他力的存在就失去了其意义，即没有行政行为的实行力，行政行为存续力、既决力的就无法得到保障，行政行为就无法达到其公共行政的目的。实行力是公权力作用于行政相对人的媒介，行政行为的存续力、既决力、实行力之间是相辅相成的，离开了任何一个力，其他力就无法发挥其完整的效用，机械地为了解释某种行政行为而割舍某个力是不科学的，是无法在理论中实现自足的。

2. 行政行为是以权利与义务为内容的，如果没有实行力，行政行为追求的公共利益就无法实现。权利与义务具有对应性，行政相对方权利是与行政主体的义务相对应的，一定的权利需要一定的义务履行使其得以实现。任何行政行为都是以权利义务为内容的，不存在只以纯粹义务为内容的行政行为，一方当事人的权利或义务必将表现为另一方当事人的义务或权利。换言之，所有的行政行为都是具有可实行的内容的，行政主体作出行政行为的目的就是要实现这样或那样的公法上的目标和内容，即使是行政确认行为，虽不具有可执行的内容，但是其目标与内容却在作出之时即得以实现，即确认其公法上的法律资格、地位或者权利义务关系使公法意义上的权利义务得以实现。在行政法律关系的结构中，行政相对方权利已经被特定化了，它只能是对应行政主体义务的一种特定权利，它既不对应行政主体作为机关法人时的义务，也不对应其他法律主体的义务。权利是主体可以自己为或者要求他人为一定行为或者不为的资格，义务是义务人应他人的要求为一定行为或者不为一定行为，即义务主体之所以成为义务的主体，是由于主体应当实行法律义务所规范的行为。这种行为是受主体间权利义务的制约的，是由法律给出了行为的框架。在这个框架中，在行政法的指引作用下，行政主体或相对人从而为一定行为或者不为一定行为。当行政法律调整行政行为主体的行为时，就是在法律中规定了主体应该做什么，不应该做什么以及怎样做什么，把主体的行为规范在法律所创制的行为模式之下，在这一过程中就通过主体享有权利或者履行义务实现了法律对主体行为的调整。如果行政行为没有实行力，其所设的义务可以不履行或可以不予强制执行，则它所设的权利就不可能得到实现。而行政行为权利主体之所以要求实现权利，是因为权利背后代表着公共行政的目的。因此，以权利义务为内容的行政行为，其义务的履行和权利的行使都离不开行政行为的实行力发挥效用〔2〕。

3. 实行力与实行或执行是两个层次的概念，不能将两者等同起来，有实行力不一定就需要具体的实行或执行，有时当权利人能自行实现其权利时，则表现为表示尊重的不作为义务，但这同样是实行力的作用力产生的结果；有时行政行为一经作出，其实行力就得以实现，如即时强制中的实行力在作出的同时就发挥效用，不需要后续的具体实行或执行。

行政行为实行力是一个抽象的理论概念，如果认为生效的行政行为只有具备了后续的具体执行或实行行为才具有实行力，这无疑是理论上的一个误区，错误地将抽象的实行力与生效后具体的后续实行行为画上了等号。“抽象”意即无形的、不能作用于感官的、不可捉摸的东西；“具体”则指有形的、可触摸的、可感知的东西。作为哲学范畴，“抽象”和“具体”主要是一对关于事物内容的范畴：“抽象”是指事物的各个要素、方面、部分、关系等被抽取出来，处于与整体相分离的孤立状态，内容比较简单、贫乏、空洞；具体则指事物的各种因素都具备于一个整体之中，内容比较全面、丰富、充实。尽管抽象是对具体的高度概括，具体是抽象的表现形态，但是抽象与具体在哲学上并不是绝对一一对应的。行政行为实行力的具体化的表现形式是多种多样的，既可以是具体的履行或强制执行，也可以是即时的实行，还可以是不作为。如

〔2〕 参见叶必丰：《论行政行为的执行力》，载《行政法学研究》1997 年第 3 期。

德国《行政强制执行法》第6条第1款明确规定：对于有关物的交付、行为、容忍或不作为的行政行为，在其不可撤销、需即时执行或法律救济无中止执行效力时，可以根据第9条规定的强制方法予以执行。

具体形态的差异性并不是否定某种行政行为实行力的存在，而是抽象的实行力在外化过程中的适当体现。因此，行政行为的实行力并不局限于行政主体的下命处分或者是具体的外部行政行为，只要是行政行为都具有实行力。机械地将抽象与具体的理论运用到实行力理论中，就会得出即使是具体行政行为（即德国行政法上的Verwaltungsakt，台湾行政法上的行政处分，日本行政法上的行政行为）有时都不具有执行力的存在。因为如将该类行为进行再细分，该类行政行为可分为形成处分、下命处分和确认处分，所谓形成处分，即设定、变更或消灭某种具体法律关系的行政处分；所谓下命处分，即课予相对人特定作为、不作为或容忍义务的行政处分；所谓确认处分，即确定某种权利或具有法律意义的身份、地位或能力存在与否的行政处分。如果认为，仅仅下命处分才具有执行力，而形成处分和确认处分，因为一经作出，或者将“直接达到使法律关系发生、变更或消灭的效果”，或者其“对法律状态所作的确认将立刻产生法律上的拘束效果”，本质上毋庸执行，因此，均无所谓执行力。[3] 如果支持这样的论断，将抽象与具体作一一严格的对应，那么抽象的行政行为效力理论是无法对行政法治进行概括和指导作用的，而且学界的研究在一定程度上也失去了原本的意义。

实行力是（或应当是）行政行为自身所具有的公共性质的行政目标与内容得以实现的作用力。由于实行力所要求、标示的行为可能是处于观念状态的行为。因此绝不能把实行力所要求、标示的行为与现实的实际的具体实行行为混为一谈。运用具体的实行或执行来对行政行为是

---

〔3〕 参见翁岳生：《行政法》（上册），中国法制出版社2002年版，第664～668页。

否具有实行力进行判断，无疑是对抽象与具体的混淆。

二、实行力是作用力

（一）行政行为实行力是作用力，而非法律效果

对行政行为实行力的把握，必须以其上位的行政行为效力总体分析为前提，离开了行政行为效力，单纯的讨论下位的实行力就可能“一叶障目，不见泰山”。行政行为的效力与行政行为的法律效果是不同的，从性质上看，行政行为的效力是法律行为本身内在的约束力，它属于应然的范畴，而行政行为的法律效果涉及的是事实上如何，实际上如何的问题，它属于“实然”的范畴或现实领域，其着眼点在于行政行为是否取得法律所认可的效果。从条件上看，行政主体只要作出了行政行为，并且满足了行政行为生效要件，行政行为的效力就会自然发生，而行政行为的法律效果却不具有这种当然性。从时序上看，行政行为的效力与行政行为的法律效果是发生在不同时段上的两个问题，当提及行政行为效力的时候就已经完成了一个判断，即该行政行为是一个生效的行政行为，只有在这个基础上，才能进一步探讨行政行为的法律效果是什么的问题。从形态上看，行政行为效力是行政行为的本身属性，是不为人所感知的，而行政行为法律效果在行政行为作出之后能为人所感知，通常都具有直观性；可见，行政行为效力与法律效果并不能简单画等号。因而，行为于法律上所产生的结果与法律上的力具有内在的逻辑联系：前者赖后者为之保证，前者存在的确定性与权威性表明了后者的存在〔4〕。申言之，在行政行为中行政行为的效力是法律效果的前提，行政行为法律效果是行政行为效力的显现，行政法治实践就是前者不断转化为后者的过程。

---

〔4〕 李琦：《论法律效力——关于法律上的力的一般原理》，载《中外法学》1998 年第 4 期。

（二）行政行为实行力是作用力，而非法律效力

行政行为的法律效力是隐含于行政行为内部的，基于法律所具有的潜在的法律力量[5]。在确定行政行为效力是法律效力的前提下，作为行政行为效力下位的实行力必须进行进一步的论证，而不能不加分析的将行政行为效力内容的实行力定性为法律效力，如果将其确定为法律效力，这无疑是以整体代替部分。行政行为效力的依据是意思与规范的结合，即法律行为之所以具有约束力是由于法律规范的赋予，而法律规范赋予法律行为以约束力则是行为主体根据自己的意思自愿选择的结果[6]。凯尔森对此这样论述："一个行为是否有约束力要依行为人是否已'被授权'为根据。假定他已被授权的话，那么这个行为就是有约束力的。一个行为之所以有约束力，并不是因为命令人在权力上有实际优势，而是因为他'被授权'或'被赋权'发出有约束力的命令。而他之'被授权'或'被赋权'，只是由于一个预定是有约束力的命令授予他这种能力，即发出有约束力命令的权限。"[7] 除了行政法律规范的授权，还需要行政行为主体的意思表示，即意思与法律规范结合，罗尔夫·克尼佩尔认为："不是意思具有拘束力，相反，就拘束力系于意志而言，拘束力是通过法律而与意志相连接的。"[8]

---

〔5〕 叶必丰：《应申请行政行为判解》，武汉大学出版社 2000 年版，第 130 页。

〔6〕 法律规范对于法律行为的效力具有本源性，它是法律行为效力的动力源泉，法律行为具有效力正是因为法律规范使之具有效力。而意思对于法律行为的效力而言，与法律规范相比处于第二位，它的作用方式也不是直接的，而是具有间接性特征。这是因为意思本身并无强制性可言，也不能产生强制力，它不存在强制力的基础和来源。意思在使某一行为成为法律行为进而具有法律行为效力的过程中，它扮演的是中间人的角色，它可以使某一行为符合法律行为的成立要件和生效要件，从而使该行为成为法律行为并具有法律行为的效力。参见李军：《论法律行为的效力依据》，载《政法论丛》2004 年第 6 期。

〔7〕 [奥] 凯尔森：《法与国家的一般理论》，中国大百科全书出版社 1996 年版，第 33 页。

〔8〕 [德] 克尼佩尔：《法律与历史——论德国民法典的形成与变迁》，法律出版社 2003 年版，第 141 页。

（三）行政行为实行力是行政行为所固有的作用力

尽管行政行为效力依据的是意思与规范的结合，但作为行政行为效力内容之一，实行力是行政行为所固有的作用力，其根源并不是意思与规范的结合。行政行为本身的公权力性质以及行为的公共行政性都决定了行政行为实行力是一种特殊的作用力，是“约束力”发挥效用的形态。行政行为的实行力并非有条件、有选择地外加的，而是因为行政法的赋予而生于行政行为之中。行政行为之所以具有实行力，如同行政行为具有存续力、既决力一样，在相当程度上归因于行政法是以司法行为作为蓝本来塑造行政行为的。既然公法赋予生效司法判决能够在当事人不主动履行判决内容的情形下，可以自身名义强制执行其内容的效力，那么类似地，只要行政法规定行政行为是以相应地权利与义务为内容的，那么同时就要保证行政行为具有权利义务内容得以实行的作用力。就此而言，既然一切行政行为都是以权利义务为内容的，而这些内容都存在需要实现的可能性，那么实行力应当存在于一切生效的行政行为之中。否则，行政行为就可能停留在纸面上，不会对行政行为的主体权益产生事实上的影响〔9〕。易言之，实行力是依据行政行为的内容而产生的作用力，当行政行为主体自觉地履行行政义务时，实行力作为一种作用力就已经得以体现；而当行政行为主体不履行行政义务时，实行力就会成为强制力和保护力。因此，行政行为实行力既非法律效果，又非法律效力，是一种作用力。

三、实行力的作用对象是双方当事人

在服务行政的背景下，行政主体的意志和权力不再具有绝对的正统性，行政相对方的意志和权利受到了法律的同等尊重和认真对待。行政

---

〔9〕 参见宋功德：《聚焦行政处理》，北京大学出版社2007年版，第118页。

的目的不再是强制推行行政主体的单方意志，而是回应社会的多元利益需求。对于行政相对方而言，是因为有权利才有义务，故其履行行政法上的义务、遵守行政法律法规之各项规定，可以以其行政法上的权利为前提乃至交换条件。行政主体却是因为有义务才有权力，其行使行政权的前提是履行行政法上的义务，每一项行政职权均包含有一定的义务内容，否则其合理、合法性将受到质疑。申言之，从行政法角度考察权力时，它本身就包含着权利和义务的两重性，行政权力对于行政相对方来讲是一种义务，即服从的义务；行政相对方的权利对于行政主体来讲也是一种义务，即保障的义务。因此，在行政主体行使权力为自己或他人设定权利义务而作出行政行为时，其必然也包含了行政主体的义务，因而行政主体必须与行政相对人一样去履行自己的义务。诚如美国行政法学者伯纳德·施瓦茨先生所言："一个成熟的行政法体系应当包括三个必需的部分：（1）可以赋予行政机关的权力的范围和坚持限制在行使上述权力时的越权行为；（2）在处理公民与行政机关之间的关系时，必须公平对待；（3）必须有这样一个原则：行政机关对其行为无最后发言权，并且公民能够通过一个独立的法庭对行政机关的行为之合法性提出异议。"〔10〕 行政行为实行力对象既包括行政相对人，也包括行政主体，这是成熟行政法所不可或缺的公平对待当事人。如果再将行政行为实行力的对象仅仅指向于相对人，那么这与服务行政的基本理念是相悖的。

除了服务行政理念中强调行政主体的义务履行之外，随着行政权范围的变化，行政主体的义务也越来越多，若固守行政行为实行力对象的单方性，则行政主体的义务至少在理论中就无法得以保证实行。因为，一方面，行政权的范围已经从税收、警察等对行政相对方权益具有负面

〔10〕［美］施瓦茨：《行政法体系的构成》，刘同苏译，载《法学译丛》1989 年第 3 期。

影响的权力，扩展到宏观经济调控、社会保障资金支付、公用事业运营、科技开发等对行政相对方具有正面作用的权力。另一方面，行政权从相当消极地、亦步亦趋地执行法律规定，转而积极主动地在法律漏缺领域制定规章、政策计划，以及裁决大量纠纷，借此高效率地实现公共利益和公民的福利。行政权的这些转变带来的是具有行政主体负担义务的行政行为数量的剧增，为了适应社会的多元利益要求，必须凸显行政行为实行力对象中的行政主体。

需要特别强调的是，无论是为相对人设定义务的行政行为，还是为行政主体设定义务的行政行为，行政行为效力中的公定力和存续力都是针对行政主体与行政相对人产生作用力的。如前所述，由于前两个力的存在，那么必然也具有实行力，而实行力既然存在，那么又必将对行政主体和行政相对人产生作用力。此外，行政行为实行力的对象是双方当事人也缘于力本身的特性，力的作用是相互的，比如，你推我一下，那么就等于推你自己一下，因为你推我的同时，就有一个反作用力作用在你自己身上。进而引申到行政行为的实行力中，如以行政相对人设定义务的行政行为为例，当行政主体对行政相对人强制执行时，行政主体行使这个权力就是实行力的一种表现形态，如果实行力没有对行政主体产生作用，那么行政主体就无须采取强制措施，换言之，正是由于行政行为实行力既作用于行政相对人，也作用于行政主体，行政实行力中的抽象“力”才具有了其作用的相互性。故行政行为不仅对行政相对人具有执行力，对行政主体同样具有执行力[11]。

---

〔11〕 国内有学者主张使用“实现力”来代替执行力，行政行为实现力的概念是指行政行为自身所具有的实现自我所体现的公共性质的行政目标与内容的法律效果。（参见郭殊：《论行政行为实现力》，苏州大学2004年硕士学位论文。）尽管两者都是在执行力理论的基础上发展出来的，都从发展的角度试图对执行力进行取代，但由于概念与内涵、属性上的差异，两者存在本质的区别。首先，从词义上分析，行政行为的实行力中的“实行”指用行动来实现（纲领、计划等），而行政行为实现力中的“实现”是指使成为事实。从这个意义上讲，实行是为了实现一定的目的而实施的行为，而实现是实行的一种可能结果状态。具体在行政行为效力理论中，行政行为主体作出了行政行为，但其行政行为内容的实现与否却是不确定的，通过实行，行政行为的内容可能实现但也可能不实现。因此，行政行为具有实行力是必然的，是行政行为必然所具有的效力形态，而行政行为拥有实现力与否却是不确定的，只是一种可能性。其次，从实行力与实现力的关系来看，实行力是一种应然作用力，而这种应然的作用力在很多情况下未必会转化为实然的实现力。对实现力问题的探讨，更多的是从结果层面对行政行为进行的分析，而从结果分析行为这在逻辑上是错误的，行政行为尚在实行过程中，法律效果的发生与否还处在一种不确定的状态，将一种发生与否不确定的状态作为实际必然实现的状态，两者的外延是不一致的。申言之，实行力是行政行为所必需有的，如果没有了实行力，无论公法秩序的维护还是对相对人的权益的保障都是无法想象的。再次，行政行为实行力不同于法律效力，两者不能混为一谈，行政行为效力与法律效力相差很多，因为行政行为的法律效力是立法机关制定法律的效力，而绝非是行政行为理论中所要讨论其内含于行政行为的效力。此外，行政行为的效力是立足于行政行为本身进行的分析，公定力、存续力、实行力是内含于行政行为，而实现力是从结果的角度去分析行政行为，从结果角度对行政行为进行的价值判断。基于分析的角度不同，是无法将实现力与公定力、存续力放入同一维度进行讨论。实行力与实现力相比，实行力对执行力的批判继承无疑是更为恰当的，执行力与实行力都是一种应然角度的定义，并没有混淆应然与实然之间的关系。换言之，行政行为实现力是与整个行政行为效力内容有质的差异的，将实现力与公定力、存续力纳入同一维度进行研究是不科学的。将实现力与公定力、存续力列为同一位阶，除了应然与实然的混乱之外，还在一定程度上造成了行政行为效力理论体系的逻辑缺陷。最后，行政行为即使具有强制实现力，其内容也不一定能得到真正实现，虽然认识到了实现力与实现不能同一而论，实现力并不能保证行政行为内容予以实现，但“实现力”与“实现”之间的紧张关系是实现力理论本身无法解决的。与其对实现力理论进行不符合逻辑的人为修改或扩充，还不如使用“实行力”理论替代实现力理论，以对行政行为内容实现与否进行合理的解释。因此，行政行为实行力与实现力尽管都是适应时代的需求对执行力进行了完善，但无论是从词义本身、两者的因果关系、效力体系的逻辑性还是对法治实践的回应，实行力都更好解决了对执行力的继承和发展的问题。

第二节 行政行为实行力的特点

一、有限性

（一）只有生效的行政行为才具有实行力

行政行为的作出并不必然确保其具有实行力，有其存在的界限。例如，《中华人民共和国行政处罚法》第 49 条就明确规定：行政机关及其执法人员当场收缴罚款的，必须向当事人出具省、自治区、直辖市财政部门统一制发的罚款收据；不出具财政部门统一制发的罚款收缴的，当事人有权拒绝缴纳罚款。该法律条款隐含了这样的行政法的基本法理：并非任何行政行为都是有效的，“一般理智、谨慎的市民，依其一切足以斟酌的情况，在合理判断上均可辨别出瑕疵的存在，或者如哈耶克自己所说，罹患在某种程度上犹如‘刻在额头上般’明显的瑕疵，则归于无效”[12]。当行政行为明显缺乏实质要件或程序要件而达到重大明显瑕疵的时候，行政行为不具有实行力。如果让一重大且明显瑕疵的行政行为有效并具有实行力，显然与实质正义不符，也不利于法治与人权的保障。换句话说，行政行为的实行力并非绝对的，而是有限度的，它以行政行为的生效为前提。无效的行政行为是不具有实行力的，行政行为主体不能依据无效的行政行为内容要求对方履行义务，义务相对人可以对其不服从、不理睬。尤其是在行政主体对行政相对人的强制执行中，实行力的有限性特点对保护公民、法人和其他组织的合法权益无疑具有现实的意义。

---

〔12〕 翁岳生：《行政法》，中国法制出版社 2002 年版，第 708 页。

（二）行政行为实行力效用发挥的中断

尽管行政行为实行力是内含于行政行为的，但只有符合法律规范和法律目的的行政行为才具有实质意义上的作用力。正如室井力教授所言，“不是说行政行为具有理应被承认的超实定法的效力，而是说它不外乎是从行政行为效力的观点来把握实定法就行政行为采用的特定的法律制度情形的概念”。[13] 行政行为实行力不是绝对实质意义上作用力，在对于相对人权益影响较大的强制执行力中表现尤为明显。在德国，行政相对人认为自身合法权益受到侵害的，相对人可依法提起诉愿或撤销诉讼以资救济。行政机关或法院进行审查并作出决定或判决往往会经历较长期间，此间行政机关或其他利害关系人仍有可能主张该尚未被撤销之行为的效力，造成相对人权利有难以回复的不利后果，失去其请求救济的意义。因此，为避免相对人凭借行政救济制度欲加保护之权益，在诉愿或诉讼期间遭受进一步损害而终局难以弥补，乃设置“暂时权利保护制度”，以“执行停止原则”的方式暂时阻止争议行为的效力[14]。在法国，根据行政法院的判例，强制执行只在下列情况下才能适用：（1）行政处理符合法律规定；（2）法律有明文规定；（3）在紧急情况下，不论法律是否作出规定，当公共利益需要立即采取行动时，行政机关可以采取强制措施达到执行目的；（4）在没有法律规定和没有紧急情况下，行政机关采取强制执行手段，只在法律没有规定其他方法的时候；（5）当事人表示反抗或有明显的恶意时，才有必要采取强制执行。[15] 在美国，一般认为司法审查期间较长，如果在此期间执行行政决定，可能对当事人造成不可弥补的损害，当事人即使胜诉也失去实际

〔13〕［日］室井力：《日本现代行政法》，吴微译，中国政法大学出版社 1995 年版，第 93 页。

〔14〕参见林明昕：《论行政诉讼法上之“执行（不）停止原则”》，载《月旦法学杂志》第 77 期。

〔15〕王名扬：《法国行政法》，中国政法大学出版社 1988 年版，第 176～177 页。

意义。为避免这种情况，法院应有权根据当事人的申请，在某些条件下命令行政决定在司法审查过程中暂时停止执行，这种停止执行不影响法院的最后判决。当然，行政机关认为必要时，也可主动停止执行〔16〕。我国的法律也有类似的规定〔17〕。因此，行政行为的实行力作为一种内含于行政行为的作用力，在作用力发挥效用的过程中，有权机关依照法定程序的撤销和变更将对实行力产生实际的影响。

二、过程性

传统行政行为效力理论对效力内容的概括是一种静态的视角，其抽象的标准是效力的作用方式。抽象的存在是有其必要性的，但是仅仅从抽象的角度静态分析研究往往会忽略对象的某些特征，就会忽略了对行政行为效力发展的动态把握。可以说，任何一个特定的行政行为都是一个动态发展的过程，表现为一种时间上的持续过程。作为效力内容之一的行政行为的实行力，其本质是行政行为自身所具有的实现行政目的与内容的作用力，其主要表现为权利主体有权要求义务主体履行义务的作用力，包括要求义务主体自行履行所负义务的作用力和强制义务主体履行所负义务的作用力。由于行政行为实行力并非是一元的，而是多元的，是由诸类子效力组成的多元的"效力集合"，其中包括即时实行力、自行履行力、强制执行力。各种效力皆有其独特的个性和功能，其发生的条件和时间也具有差异性，从而呈现出一种过程性，而行政行为

〔16〕 参见王名扬：《美国行政法》，中国法制出版社1995年版，第596页。

〔17〕 《行政诉讼法》第56条规定："诉讼期间，不停止行政行为的执行。但有下列情形之一的，裁定停止执行：（一）被告认为需要停止执行的；（二）原告或者利害关系人申请停止执行，人民法院认为该行政行为的执行会造成难以弥补的损失，并且停止执行不损害国家利益、社会公共利益的；（三）人民法院认为该行政行为的执行会给国家利益、社会公共利益造成重大损害的；（四）法律、法规规定停止执行的。当事人对停止执行或者不停止执行的裁定不服的，可以申请复议一次。"

一经成立即可生效的判断，未免失之粗疏。因此，在过程性的视野下，行政行为的“生效”这一法律用语至少内含着三个概念，即即时实行力的发生、自行履行力的发生、强制执行力的发生。行政行为效力的发生应该跳出传统的概括性论述，结合其自身的发展，将其拆解为若干下位概念进行具体的分析，以获得更为细腻和精致的把握。

就即时实行力而言，其在行政行为生效的同时其作用力就已经得以发挥效用。而对于不具有即时实行力的行政行为而言，其实行力大致可以划分为两个不同的阶段，即自行履行力阶段和强制执行力阶段。如在负担性行政行为中，相对人负有一定的义务，根据实行力理论其固然应自觉履行，并且在其不履行时将发生强制执行力，而在授益行政行为中，相对人享有一定的权利或利益，行政主体负有相应的履行义务，在其不履行时，相对人亦可通过复议或诉讼的途径强制其履行。[18] 具体而言，自行履行力阶段是从行政行为生效到其所确定义务履行期限届满之前。在该阶段中，行政行为实行力只具有形式上的作用力，其表现为行政行为主体自觉地履行行政行为所设定的义务。当行政行为主体主动地履行了行政行为所设定的义务，那么就不存在强制执行力阶段。换言之，在自行执行力阶段，行政行为所设定的义务完全依赖行政行为主体的自觉履行，行政目的的实现取决于行政行为主体的配合和支持。在行政行为所决定的期限届满时，行政行为主体仍不履行义务的前提下，行政行为作为一种具有公共行政性质的行为，其公权力得以体现，行政行为实行力就进入了强制执行力阶段。行政行为实行力的这一特性完全符合“法律制度功效的首要保证必须是它能为社会接受，强制性的措施只能作为次要的辅助性的保证”[19] 的原理。例如，美国法律规定，对

〔18〕 叶必丰：《论行政行为的执行力》，载《行政法学研究》1997 年第 3 期。

〔19〕 ［美］E. 博登海默：《法理学——法律哲学与法律方法》，邓正来译，中国政法大学出版社 1999 年版，第 335 页。

联邦贸易委员会所作的禁止当事人为特定行为的行政决定，在签发后的六周内，当事人必须向联邦贸易委员会提出书面的顺从报告，说明其所同意履行的形式和原则，借以证明其确已遵守该行政决定，如果联邦贸易委员会未收到顺从报告，或发现当事人仍未实际履行该行政决定，则将引发强制执行程序〔20〕。

三、服务性的彰显与强制力的弱化

强制力是指在人际之间的交往过程中，双方中的任何一方为强迫对方服从于己方的意志所使用的力量，其实质是在违背对方意愿的情况下，单方面的强加行为。公共权力从产生那一天起，强制力就成为其不可或缺的构成要素，它在维护既定的政治关系与社会秩序过程中起着不可替代的作用。从其来源说，强制力不是来自于自然界或超自然的神秘力量，而是人为施加的强迫。在行政行为执行力理论最初提出的时代，强制力是“运用或威胁要运用处以体罚、残害肢体或处以死刑等身体制裁；或以限制活动的方式使人遭受挫折；或依靠武力控制食物、性、舒适等等需求的满足”〔21〕。因此，传统的行政行为理论强调行政行为执行力的强制性特征，把强制性看作行政行为执行力的本质特征，认为行政行为执行力是不需行政相对方同意，不考虑行政相对方情感和意愿的，而由行政机关依靠国家强制力实现行政行为的内容。在服务行政的背景下，就行政权力而论，服务性超越了强制性。在行政行为实行力中，其具有强制性是必要的，但是服务性则是更为关键与重要的。

（一）服务性行政行为的出现必然凸显实行力的服务本位

随着公共行政的发展，在服务行政的理念下，行政主体是为行政相

---

〔20〕 罗传贤：《行政程序法基本原理》，五南图书出版公司 1982 年版，第 391 页。
〔21〕 ［英］马丁：《权力社会学》，丰子义、张宁译，三联书店 1992 年版，第 92 页。

对人服务而存在，服务理念成为行政权力和行政主体行为的首要出发点。行政行为由单纯的管理向信息化、非强制性、服务性转化，而该转变在行政行为实行力中就凸显为强制力的弱化，“现代行政法发展证明，行政权的强制作用并不总是万能的，它会因为相对一方有形或无形的抵制而大大降低其功效。行政主体也并不总是需要运用行政权来强制实现行政目的，它还可以一些权力色彩较弱的行政手段来使相对一方主动参与实现行政目的，或自觉服从行政机关的意志”〔22〕。行政行为实行力从理论上否定并摒弃了视行政相对方为纯粹的管理客体，以行政权为本位，将强制性、命令性视为行政行为执行力核心特点的传统理论的缺陷。如果因为政府强制力的运用越来越少而宣称法律在社会中已经不复存在，那么，这显然是对法律作用多样性的一种误解。如果必须将主要依赖强制力作为实施法律的手段，那么这只能表明法律制度机能失灵而不是肯定其效力与实效。既然我们不能根据一个社会制度的病态表现来给其下定义，那么我们就不应将强制的使用视为法律的本质。〔23〕

在服务行政中，行政权始终以服务、指引、辅助权利为己任，这种以权利为主导的行政行为实行力自然弱化了权力的强制性，凸显了其服务性。无论从理论的层面，抑或实证层面，强制性均不能再作为行政行为实行力的一般特征，应以服务性替代强制性。换言之，服务性行政行为得以实现的前提显然在于行政行为内容的可接受性，强制力则退居于辅助性的次要地位，它依赖于服务性而呈现于法律及法律制度运行的整体图画之中。毫无疑问，行政行为实行力的服务性只有以服务行政为背景，在平等、民主、宽容等现代行政法的精神土壤中，才具有坚实的立足和广袤的生长环境。

---

〔22〕 罗豪才、甘雯：《行政法的“平衡”及“平衡论”范畴》，载《中国法学》1996 年第 4 期。

〔23〕 刘星：《法律“强制力”观念的弱化——当代西方法理学的本体论变革》，载《外国法译评》1995 年第 3 期。

（二）以自行履行力核心的实行力理论弱化强制力色彩

行政行为实行力具有过程性，无论在行政行为的自行履行阶段还是强制执行阶段，行政行为实行力是以义务主体的自行履行为核心，即使在进入强制执行力阶段，义务主体仍然可以自行履行义务。因为，单纯依靠强制力是既效率低下又代价昂贵，既然自行履行能达到相同的行政目的，就不应采取强制执行手段。由于强制履行义务是一种被迫的服从，为了对强制执行力的对象产生足够的威慑作用，公权力的主体需要不断地强化强制执行机构，而为了维持这些机构和人员要支付大量的日常开销，而且，频繁地、过度地使用强制执行必然会激起经常性的反抗。稳定的行政秩序绝不是单纯依靠强制力所能达到的，恰恰相反，单凭强制力的执行往往会激起反抗，暴力的强制毕竟给义务主体带来某种痛苦，它自然会激起某些情绪的反应，如不满、愤怒甚至是敌视。确切地说，强制执行力只能作为次要的辅助性的保证，仅仅是保障社会秩序的一种手段，自从人类进入文明社会以来，随着人类文明程度的提高，强制力的适用范围与效能将越来越小。“在一些行政领域应尽量避免强制性的手段的应用，慎用行政命令、行政制裁、行政强制手段，淡化权力色彩”。[24] 在依法行政的前提下，行政行为实行力应当以义务人的自行履行为第一要义，行政行为的强制执行力是一种潜在于行政行为内部的作用力，而不是根据这种强制执行力而采取的、表现于行政行为外部的执行行为或者强制措施。所以，行政行为的实行力以自行履行为首选，强制执行为备用。其本质是提倡、鼓励当事人自觉履行行政行为所确定的义务，而不是以公权力主体的强制执行去代替当事人的自行履行。

“在一个井然有序的社会里，必要的制裁无疑是温和的，也许根本

〔24〕 罗豪才、甘雯：《行政法的“平衡”及“平衡论”范畴》，载《中国法学》1996 年第 4 期。

不会实施。然而，即使在这种情况下，这种手段的存在也是人类生活的一种常规条件。"[25] 基于行政强制执行力中的强制性，其效用发挥应遵循必要的规则。首先，必须对强制执行实行权进行控制，强制力作为一种社会性的稀有资源，只有当它被排他性占有时，才可能转化为维持现存的政治关系和社会秩序的资本，即公权力对强制力的垄断是实现社会有效控制的必要条件。其次，只有在义务人到了履行期限仍不履行并且穷尽所有的非强制手段，行政行为的内容仍无法得以实现的前提下，才能采取强制执行。最后，即使由于义务人的不自行履行义务而进入强制执行阶段，也要保证执行程序严格遵守正当程序和法律保留原则，并且在执行过程中，还为义务人的主动履行积极创造条件，应尽可能地采取各种途径劝说相对人自觉履行。

行政行为实行力从对强制力的强调转向弱化乃至为服务性所取代，这既是一种本体论意义的也是一种历史范式的演化与进程。历史范式的转换的意义是十分深刻的。因为，一方面，它或许真切反映了法律现实的整体发展与变化；另一方面，它可能在相当程度上揭示了以往范式中的某些谬误，从而真正促进了人们对法律现象的理解与把握[26]。

第三节　行政行为实行力的内容

行政行为实行力多样性是由行政行为实行力的过程性得出的基本特征，如前所述，行政行为实行力在不同的行政行为种类中和行政行为不同时间段上有其不同的类型，具体可以分为即时实行力、自行履行力、

---

〔25〕［美］罗尔斯：《正义论》，谢廷光译，上海译文出版社 1991 年版，第 294 页。

〔26〕刘星：《法律"强制力"观念的弱化——当代西方法理学的本体论变革》，载《外国法译评》1995 年第 3 期。

强制执行力。

一、即时实行力

即时实行力是指生效的行政行为所具有不需要行政相对人的事后履行就能够实现其内容的作用力，即该行为内容的实现无须行政行为主体事后履行义务。即时实行力通常为以权力性为主要要素的行政行为所具有，而权力性是指行政机关基于行政优越权的发动而作出的行政行为。在行政活动中，行政机关有时采用非权力性的方式进行行政活动，例如，在行政契约中，行政机关与相对人基于双方的合意而签订行政契约，虽然行政契约具有在法律上拘束相对人的法律效果，但其并非权力性为主要要素的行政行为。即时实行力一般在形成性和确认性行为的行政行为中发挥效用。

形成性行为的概念来源于传统的日本行政法，是依行为内容而对行政行为模式所作的分类，即"直接对相对人设定或者剥夺权利以及概括性法律关系的行为"，"为使私人相互间的法律行为的效果得以完成而实施的认可，虽然不是赋予相对人以直接的权利，但是也被作为一种形成性行为来把握"，[27] 行政即时强制是具有即时实行力的典型形成性行政行为，因为具有即时实行力的行政行为能对行政相对人的权益产生即刻且实际的影响，所以多数情形下只有特定行政机关才能作出。比如在我国，根据相应法律、法规的规定，能够实施行政即时强制的主体主要有海关、公安、工商、税务等行政机关，即实施这项权力的机关都事先有法律、法规的明确授权，非经授权或者具有法定职权的行政机关不可行使这项权力。根据《治安管理处罚法》第 23 条的规定："有下列行为之一的，处警告或者200 元以下罚款；情节较重的，处5 日以上10

〔27〕［日］盐野宏：《行政法》，杨建顺译，法律出版社 1999 年版，第 84 页。

日以下拘留，可以并处500元以下罚款：（一）扰乱机关、团体、企业、事业单位秩序，致使工作、生产、营业、医疗、教学、科研不能正常进行，尚未造成严重损失的；（二）扰乱车站、港口、码头、机场、商场、公园、展览馆或者其他公共场所秩序的；（三）扰乱公共汽车、电车、火车、船舶、航空器或者其他公共交通工具上的秩序的；（四）非法拦截或者强登、扒乘机动车、船舶、航空器以及其他交通工具，影响交通工具正常行驶的；（五）破坏依法进行的选举秩序的……”这种警告决定和对警告的执行是同步的，它的内容在警告行为生效的同时就得以实现，不需要相对人再履行义务，即其自行履行力和强制执行力并不存在。

关于确认性行政行为，又称为行政确认行为，在日本被认为是确认法律地位的行政处理，室井力认为行政确认行为包括：（1）确认。关于特定事实或法律关系存在与否，在发生疑问或争议的时候，以法律权威进行判断，从而确认的行政行为，称为确认。选举会议进行的当选人决定（《公职选举法》第96条），税务署所进行的更正所得额决定（《国税通则法》第24条，《所得税法》第154条、第168条），都、道、府、县知事所进行的有关市、镇、村界线的裁定（《地方自治法》第9条第2款），建筑主任所进行的建筑确认（《建筑基准法》第6条第1款），都是其例证。（2）公证。关于特定事实或法律关系存在与否，发生疑问或争议的时候，以法律权威证明的行政行为，称为公证。“选举人名簿的登记（《公职选举法》第19条第2款），汽车驾驶许可证的交付（《道路交通法》第92条），户籍的记载（《户籍法》第13条）等，都是其例证。”〔28〕我国也有类似的法律规定，如道路交通事故

〔28〕［日］室井力主编：《日本现代行政法》，吴微译，中国政法大学出版社1995年版，第84～85页。

责任认定，依据《道路交通安全法》第73条规定："公安机关交通管理部门应当根据交通事故现场勘验、检查、调查情况和有关的检验、鉴定结论，及时制作交通事故认定书，作为处理交通事故的证据。交通事故认定书应当载明交通事故的基本事实、成因和当事人的责任，并送达当事人。"道路交通事故责任认定是行政确认性行为，具有行政行为即时实行力，即公安机关是在作出事故认定的时候，其内容就得以实现。

必须强调的是，对于这类以权力性为主要要素的行政行为而言，如果认为在该行政行为生效的时候，该内容尚未得以实现，还需要相对人履行容忍或不作为的义务，这是人为地将行政行为即时实行力泛化，使其丧失了本身的意义，而成为模糊不清的概念，因而是不足为取的。因为在行政行为生效的同时即时实行力已经发挥了效用，行政行为中的内容已经得到了实现，行政相对人在行政主体作出行政行为的时候需要负担遵守、不作为或容忍义务；而如果认为行政行为内容实现后的行政相对人的不作为或容忍义务还是行政行为实行力的表现形态，那么这种不作为或容忍的对象可以是任何的主体，也可以是完全与该行为无关的路人甲、路人乙，进而会将行政行为实行力的对象模糊化，即只要是在该公共秩序中活动的主体都有义务去不作为，遵守行政行为作出后而形成的公共秩序。如此一来，则行政行为实行力就没有了研究的实际意义，其在实质上就模糊了，甚至取消了若干理应加以区分且实际上已有了合理区分的范畴之间的界限。另外，就以权力性为主要要素的行政行为而言，在生效的同时，其内容就已经得以实现了，作为无数社会行为中的一个行为其已经得以完成或结束。尽管按照哲学中联系的观点，它可能引起其他的连锁反应，但这种联系是必然存在的，不能因为存在的某种联系，而认为该行政行为的内容尚未完成。

二、自行履行力

波斯纳认为，服从规则的决定会是被迫的，但这不是为规则所迫，而是为不服从规则的后果所迫。[29] 与此同理，在行政行为权利义务的实现过程中，缘于行政行为的公共性，其内容通常都需要予以实现，因而行政行为中的义务人有两种选择，其一是自己主动的履行，其二是被强制执行。自行履行力是针对前者而言的，是指行政行为具有的要求义务人自觉履行行政行为所确定的义务的作用力。行政行为义务主体对义务的履行，具有主动性和自愿性，其可以在行政行为和法律允许的范围内自行决定履行义务的时间和方式，甚至可以拒绝权利主体的要求。在自行履行力存续期间，权利主体不能对义务主体进行强制，也不能要求双方主体以外的国家机关对义务主体进行强制。行政行为的内容能否得以实现，完全取决于行政行为主体的自由意愿。自行履行力要求行政行为主体间能够进行协商与沟通，建立其相互信任的良好关系。通过行政行为主体的自觉履行，可以避免因为强制执行而需要支付的物质和信任上的过高成本[30]。自行履行力与服务行政的理念相符，在服务行政过程中，主体双方既相互独立又相互合作，使国家职能以及公民自身的利益得以共同实现。相互尊重、平等对待，是行政得以持久合作、具有活力与高效的关键所在，这一理念的另一重要方面是主张行政法的主要功能、旨趣在于引导行政主体和行政相对人在相互尊重对方主体地位的条件下通力协作，共同致力于公共治理事业的发展。服务行政是合作行政，它必须获得行政相对人的配合与支持。行政主体只有与行政相对人通力合作，才能实现行政的目标。行政主体与行政相对人共处于合作系统中，这一合作系统的良好运行依赖于双方伙伴关系的存在，即双方必

---

〔29〕［美］波斯纳：《法理学问题》，苏力译，中国政法大学出版社 2002 年版，第 244 页。
〔30〕参见叶必丰：《行政行为的效力研究》，中国人民大学出版社 2002 年版，第 140 页。

须将对方看作共同的合作伙伴[31]。

行政行为一旦作出，既能产生某种权利，又能引起一定的法律义务；既可为相对人设定义务，也可为行政主体及其工作人员设定义务。[32] 在设定行政相对人义务的行政行为中，从行政行为生效时起直至行政主体或者法院采取强制措施前，为行政相对人的自行执行阶段，行政相对人必须对行政行为确立的给付和作为义务表示尊重并完全切实自觉履行。在设定行政主体义务的行政行为中，一旦某个行政行为之内容赋予行政主体以一定的义务，则其作为服务行政中的服务者，自觉履行行政行为所设定的义务乃是职责所在。而法律也假定其会及时履行行政行为所确定的义务，不到法定或行政行为设定或合理的期限，相对人不得通过复议或诉讼途径提起强制实现之请求。

此外，行政行为的实行力以自行履行为首选，强制执行为备用，实行期待当事人履行的原则。其本质是提倡、鼓励当事人自觉履行行政行为所确定的义务，而不是以行政主体的强制执行去代替当事人的自行执行，除非是这一前提也已失去。在强制执行力发生之后，行政行为的内容得以实现之前，行政行为的自行履行力也是存在的。也就是说，义务人仍然可以要求自己来履行义务，以实现权利主体的权利。这是因为采取强制措施或复议、诉讼等法律程序并非目的，而只是一种手段，其真正目的还是权利义务内容的实现。即使采取了强制措施，启动了相应的法律程序，也只不过是对义务人施加一种压力而已，至于义务最终仍需义务人自己履行。并且，由相对人自行履行可以避免矛盾的激化，行政主体和行政相对人之间形成良好的和谐关系。[33]

---

〔31〕 王从峰：《行政法之平等协作理念的确立缘由探析》，载《中南财经政法大学研究生学报》2008 年第 1 期。

〔32〕 周佑勇：《行政不作为构成要件的展开》，载《中国法学》2001 年第 5 期。

〔33〕 参见叶必丰：《行政行为的效力研究》，中国人民大学出版社 2002 年版，第 142 页。

三、强制执行力

作为公权力的行政行为，强制力可以不使用，但不可以没有。“在一个井然有序的社会里，必要的制裁无疑是温和的，也许根本不会实施。然而，即使在这种情况下，这种手段的存在也是人类生活的一种常规条件。”[34] 如果在自行履行力的作用下，义务主体仍未按照行政行为确定的权利义务关系履行自己的义务，一旦越过行政行为设定或法定的义务履行期限，强制执行力即开始发生作用。具体在行政行为中，其主要表现为强制执行力，是指行政行为所具有的强制义务人履行义务，保证行政行为内容得以实现的作用力。强制执行力的本质特点，是以违反义务人意愿的形式来实现行政行为内容的。

从实质上说，强制力是国家的先天性特征，“强制不能完全避免，因为防止强制的方法只有依凭威胁使用强制之意图（The threat of coercion）。自由社会处理此一问题的方法，是将行使强制之垄断权赋予国家，并全力把国家对这项权力的使用限制在下述场合，即它被要求制止私人采取强制行为的场合。”[35] 也就是说，强制力是国家所具备的必然属性之一，国家的几乎任何行为都具有显在的或潜在的强制力支撑。在设定行政相对人义务的行政行为中，如果行政相对人不主动履行行政行为所确定的义务，行政主体可以依法采取直接强制或间接强制的方式实现行政行为的内容，往往是通过对人身或财产的强制，如对人身的强制约束，对财产的扣押、冻结、查封、断水或断电等形式，来迫使相对人履行义务的。在设定行政主体义务的行政行为中，行政主体不履行行政行为所确定的内容，行政相对人可依法采取法律措施迫使义务主体履行义务以实现行政行为内容。换言之，如果行政主体超过行政行为所设定

〔34〕［美］罗尔斯：《正义论》，谢延光译，上海译文出版社 1991 年版，第 294 页。
〔35〕［英］哈耶克：《自由秩序原理》，邓正来译，三联书店 1997 年版，第 17 页。

的或者法律规范所规定的义务履行期限，针对行政主体的强制执行力随即产生，行政相对人可以依法申请复议或向人民法院提起诉讼及其他有效的监督，迫使行政主体实行其不予履行的义务〔36〕。此外，尽管强制执行力往往是因为行政相对人拒不自动履行行政行为所确定的义务而启动的，但也有可能存在其他需要强制执行力发挥效用的情形，例如，权利的放弃并非绝对的自由，对于竞争性或者公共服务领域的行政许可而言，那些获得行政许可的申请人如果将获得的行政许可搁置不用，就不利于行政许可目标的实现，也可能引发强制执行〔37〕。

下图为行政行为实行力结构图：

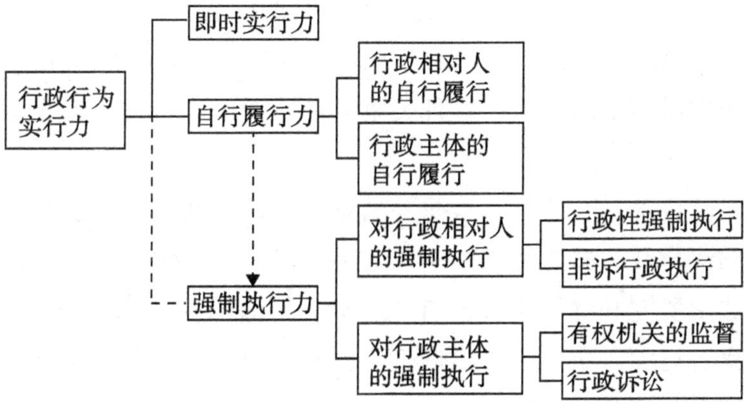

第四节 行政行为实行力的价值

“价值”一词，相当于英语中的value，在英语中有多种含义，如产值、价格、益处等。“价值”一词的使用，最初被运用于经济学，即当

〔36〕 参见叶必丰：《行政行为的效力研究》，中国人民大学出版社2002年版，第144页。
〔37〕 参见宋功德：《聚焦行政处理》，北京大学出版社2007年版，121页。

时所谓的政治经济学，随着这一过程的发展，价值成为经济学中价值理论的中心术语。后来，“价值”一词的使用扩展到了其他领域，“现在不仅哲学界重视价值问题，而且文学、美学、史学、法学、管理学、文化学、教育学等都很重视价值和价值观。”〔38〕在法学领域中，许多法学家都十分重视法的价值研究。美国法学家庞德就曾指出：法的价值问题是法律科学所不能回避的问题，“在法律史中的各个经典时期，无论在古代或近代世界里，对价值准则的论证、批判或合乎逻辑的适用，都曾是法学家的主要活动。”〔39〕对法的价值的研究，属于对法的应然性研究的范围，主要揭示法的价值取向、价值目标、评判法的价值标准等问题。法的价值是一定的社会主体需要与法律在内的法律现象的关系的一个范畴。也就是说，法律的存在、属性、功能以及内在机制和一定人们对法律要求或需求的关系，这种关系正是通过人们的法律实践显示出来的。〔40〕

对法的价值进行研究具有重要的意义，它有利于揭示法的本质、树立科学的法律观，并能够为改革和完善法律制度提供指导原则和理想模式。从法学研究和法律实践的现状来说，只有对法的价值的各个方面、各个层次进行深入研究，才能进行价值衡平和选择，并构建科学的法律体系和观念。行政行为实行力作为法学范畴中的理论，其涵盖了秩序、自由、平等、人权、民主、法治、权利、正义、人的全面发展等这些价值构成的整个法的价值体系，但这些价值通常是在立法阶段即已被预设，可以说是立法者期望和追求的价值。与立法比起来，行政是对法的适用，其更加贴近社会的生活，对社会的影响更多。与立法时期望的抽象价值相比，行政的价值就显得更为具体。现代行政是以市场经济为基

---

〔38〕 王玉梁：《追寻价值——重读杜威》，四川人民出版社 1997 年版，第 350 ~ 351 页。
〔39〕 转引自张文显：《法学基本范畴研究》，中国政法大学出版社 1993 年版，第 252 页。
〔40〕 乔克裕、黎晓平：《法的价值论》，中国政法大学出版社 1991 年版，第 40 页。

础的，市场是驱动社会运行的轴心，决定着社会中各种经济利益资源的配置。“市场经济是以市场配置资源为主体的经济形态，以及依据法律、契约来保护企业与公民权利的社会形态。因此，市场经济条件下政府的基本功能是以法治的方式确保企业和公民权利的实现，对市场失灵之处采取弥补措施，以及提供必要的公共产品。”[41] 这时的行政主体是以为市场活动提供必要的服务与保障为目的设立与运作的，其行政行为的核心价值或基本价值就是服务，为行政相对方的市场活动提供服务。作为行政行为的具体理论，服务价值在实行力理论中必然以多种形态出现。法的作用是法的价值的实现，行政行为实行力的作用决定了其相异于法的整个价值体系的特殊价值。

一、保障权利

在对行政相对人权利进行保障的时候，行政行为实行力理论更多的是体现为对行政受益权的保障。行政受益权是指行政相对人个体在具体的行政法律关系中所享有的一项可获得某种利益的积极的私人公权利，是一种明显的积极权利，必须要通过行政主体的积极的作为才能得以实现[42]。申言之，行政受益权是符合法定条件的行政相对人享有的要求行政主体为特定行为（包括作为和不作为），以获得和享有特定利益的权利，行政主体履行特定义务之后，受益权才实际享有、获得实现。行政行为实行力的诸多特性体现了其对行政相对人受益权保障的价值。

---

〔41〕 国家行政学院研究室、上海浦东新区人民政府主编：《转型中的政府：上海浦东新区政府体制创新报告》，国家行政学院出版社 2002 年版，第 4 页。

〔42〕 李元起、郭庆珠：《行政相对人的行政受益权法治化探析》，载《国家行政学院学报》2005 年第 3 期。

（一）行政行为实行力以服务行政为背景，必然凸显行政主体对行政相对人权益的服务

随着公共行政的发展，服务行政除了权力行政以外，还逐渐强化了给付行政、救助行政和保护行政，行政主体必须为行政相对人，为全社会提供更多的服务活动，履行更多的服务职能，从而形成提供服务与享有服务，予以保障与获得保障，授予利益与获得利益为基本特征的权利义务关系。在这种关系中，行政相对人居于主导地位，如在行政奖励、行政救助、行政保护活动中，行政机关基于法定职责，对一定对象在特定情况下所实施的扶持、帮助和保护的行为。申言之，行政主体除履行法定职责外，还负有对行政受益权的服务和保障的义务。

行政主体的每一项职能，都可溯源于作为国家主人的公民享有的对国家事务的管理权，又通过一定的政治程序委派给予其他代理人具体实施。[43] 就法律地位和绝对意义而言，行政相对方权利高于行政权，应占主导地位，这是行政权存在和运作的理由，行政主体理当服务、服从于行政相对人。行政主体对行政相对人权益的服务体现了“以人为本”的理念。为了维护行政相对人的人格尊严，行政主体有义务、责任保证国民最低限度的经济生活和文化生活，它的具体内容包括保障性受益权、保护性受益权和发展性受益权。保障性受益权，指行政相对人因行政主体提供物质和其他条件保障而得到受益的权利，主要可包括基本生活水平的受保障权、特定群体福利优待的受保障权、劳动就业和劳动安全保障权、义务教育的受保障权、参加基本的社会生活的受保障权；保护性受益权，指行政相对人的各种合法权益在受到他人妨碍、侵害时，申请行政主体保护或得到行政主体主动保护的权利，一般包括在紧急情况下申请行政主体救助的权利、合法权益受侵害后请求行政主体予以处

---

〔43〕 罗豪才、崔卓兰：《论行政权与相对人权利及关系》，载《中国法学》1998 年第 3 期。

理的权利、合法权益受行政主体确认的权利；发展性受益权，指行政相对人因行政主体提供各种条件而发展自身利益的权利，主要包括符合条件者可获得行政许可的权利、受到行政奖励的权利、从事某种生产经营活动而受政策优待的权利[44]。

（二）行政行为实行力确立行政主体对义务的履行，其对应的是对行政相对人权益的保障

权利与义务是一切法律规范、法律部门乃至整个法律体系的核心内容。它们之间的连接方式和结构关系概括起来主要有：权利和义务紧密联系，相互依存，不可分割，没有义务，权利便不再存在；没有权利，便没有义务存在的必要；在数量上，权利和义务的总量是相等的；从产生和发展看，权利和义务经历了从浑然一体到分裂对立再到相对一致的过程。因此，权利和义务是互相依存的，两者间具有对应性，一定的权利需要一定的义务来使其得以满足。在行政法律关系的结构中，行政主体的义务已经被特定化了，它只能是对应行政相对人的特定权利，它既不对应行政主体作为机关法人时的对方权利，也不对应其他法律主体的权利。因此，行政受益权是行政相对人的权利，具有消极的对抗、防御权能和积极的请求权能，要求行政主体不得随意限制和侵犯，并要求行政主体尊重、保护和给付。行政受益权的实现必须通过强化和明确行政主体的特定义务才能实现。[45] 行政主体作为行政受益权的义务主体，行政相对人受益权的实现离不开行政主体的积极履行义务。行政主体服务于行政相对方权利也意味着服从行政相对方权利，不服从行政相对方权利也就不可能服务于行政相对方权利。总之，行政受益权的实现在客观

---

〔44〕 从事某种生产经营活动而受政策优待的权利在我国立法中有所体现，如《汽车工业产业政策》规定，对达到一定生产规模的汽车生产企业，给予“投资零税率”、“股票优先发行与上市”、“信贷支持” 等政策优待，等等。

〔45〕 方世荣：《论私有财产权的行政法保护》，载《湖北社会科学》2005 年第 1 期。

上需要公法规范加诸行政主体令之为特定行为之义务，在主观上需要赋予人民要求行政主体为行为并以法定方法促使行政主体为行为之力[46]。

（三）行政行为实行力的弱强制性和服务性的特点，将减少对行政相对人权益的侵害

在服务行政中，行政权力的运行不仅取决于自身的强制性，还取决于作为相对方即社会公众的同意和参与。在实行力理论中，后者更具有决定性和值得升华的意义，这就意味着政府以往带有强制力色彩的角色发生了改变，取而代之的是温和的管理者和为公众谋福利的服务者。在行政行为实行力的具体作用过程中，作为服务主体的行政机关和服务对象的行政相对方之间也不是简单的强制与被强制、命令与被命令的关系。行政行为实行力以行政相对人为本位，使行政主体与相对人以平等的身份进行对话，这既是弱化行政强制性的结果，也是进一步弱化行政强制性的动力。行政行为的实施不以强制为必要，行政主体的服务行为往往是相对方乐于接受的，一般能得到相对方的积极配合与执行。而且随着公共利益与私人利益关系一致性的增强，行政权的强制属性将日益减弱，即使法律赋予行政机关以强制权力，只要能通过服务等非强制方式，依相对方的自愿配合和接受实现行政目的，行政主体也应当在管理中不使用这种强制权力，行政方式应尽可能体现相对方的可接受性。[47]

哈耶克则从伦理学价值上抨击了强制论，强制之所以是邪恶的，恰恰是因为它取消了思维和价值判断主体的个人，把个人沦为实现他人目的的工具。在大多数法律制度中，除了一些允许行使权力和权利的规范以外，还存在一些其他不具有强制实施因素的规范[48]。因此，强制行政在服务行政中失去了存在的绝对必要性，取而代之的是非强制行政。

---

〔46〕 李震山：《行政法导论》，三民书局1997年版，第18页。

〔47〕 参见叶必丰：《行政法的人文精神》，北京大学出版社2005年版，第141页。

〔48〕 罗豪才主编：《行政法论丛》（第四卷），法律出版社2001年版，第137页。

在当下的公共行政领域中，行政主体违背立法目的，滥用行政职权而侵害行政相对人利益的案件中以行政主体滥用制裁权、处罚权和强制执行权为最。换言之，这些滥用行政职权侵害行政相对人的违法案件主要发生在强制行政领域，无论制裁权、处罚权，还是强制执行权，这些权力都拥有强制性，强制权力本身存在极易被滥用的可能性。由于强制性行政行为的强制力的存在，行政主体往往通过单方的强制手段将其付诸实现，这就对行政相对人权利产生现实危害性。而行政行为实行力的弱强制性和服务性的特点则不然，它将公共行政寓于帮助、给付、授益之中，通过引导、沟通、协商，运用激励机制来调动人们自愿地服从行政管理。实行力的服务性特点提倡行政行为的以理服人，不提倡强制力的参与，故该类行为在一定程度上减少了滥用强制权力的可能性，因而将有效减少对行政相对人权益造成现实危害结果的发生。

（四）行政行为实行力中坚持生效规则，是在程序中对行政相对人权益的保障

程序法保障是任何法治国家行政法制度上的王冠，其依托是实实在在的、漏洞尽可能少的法律救济制度[49]。行政行为实行力理论明确了只有生效的行政行为才具有实行力，具体而言，行政主体在作出行政行为时，只有在履行通知或告知程序义务的前提下，行政行为的实行力才能对行政相对人产生作用力，行政相对人才有履行的义务。换言之，实行力中的生效规则是在程序中对行政相对人权益进行的保障，行政相对人享有得到通知的权利，行政机关在未送达和行政相对人未受领的情形中，行政行为将不具有实行力。

在轰动一时的“杜宝良案件”中，交管部门在行政处罚程序中，

〔49〕［德］汉斯·沃尔夫、奥托·巴霍夫、罗尔夫·施托贝尔：《行政法》（第一卷），高家伟译，商务印书馆2002年版，第415、416页。

违反了告知义务，因此该处罚不具有实行力。据来自京报网的消息，安徽在京务工人员杜宝良在北京真武庙同一地点违反禁行标志105次，均被电子眼记录在案，被罚款10500元，交通违规记分210次。自杜宝良案被媒体传播开来后，类似的情况一下子纷纷被披露，竟成为杜宝良现象。这一现象的特点是电子眼记录下交通违规行为后，并没有及时处理，等到处罚被行政相对人得知时，已经是连续违章达几十次甚至上百次之多，相对人被处以巨额罚款〔50〕。“105次违章，被罚款10500元，交通违规记分210次”，行政相对人却毫不知情，这样的行政处罚因为交管部门在行政处罚中没有按照法定程序履行告知义务，该行政行为尚未生效，故是不具有实行力的，行政相对人不需要履行“罚款10500元，交通违规记分210次”的义务。因此，行政相对人程序上的知情权实现与否直接决定着行政行为实行力能否发生效用，当行政相对人在行政行为过程中未知情，依据生效规则，行政相对人可以运用程序权利对行政主体权力进行有效的制约，从而达到保障行政相对人权益的目的。

二、提高效率

效率既是法所蕴含的基本价值，也是公共行政基本的目标追求。效率就其原始含义而言，是指“某项劳动、工作或物理运动的效果与投入的劳动量、工作量或物理能量之间的比率”〔51〕。

（一）行政行为实行力主张义务主体的自行履行，符合效率理论的基本原理

科斯定理第一律指出：如果交易费用为零（zero transaction costs），不管怎样选择法律规则、配置权利，有效益的结果都会出现。亦即，当

〔50〕 邓庆鸿、袁江：《论行政处罚裁决时效制度——以“杜宝良案”为例》，载《江汉大学学报（人文科学版）》2006年第2期。

〔51〕 夏书章主编：《行政管理学》，中山大学出版社1991年版，第291页。

交易费用为零，并且个人是合作时，法律权利的任何分配都是有效益的。科斯定理第二律指出：如果存在着现实的交易费用，有效益的结果就不可能在每个法律规则、每种权利配置方式下发生。亦即，在交易费用为正的情况下，不同的权利界定和分配，则会带来不同效益的资源配置。有效的权利界定和分配，是能使交易费用效应减至最低的界定和分配。这些效应包括交易费用的实际发生和避免交易费用作出的无效益的选择。[52] 行政行为实行力较之于传统执行力，在其内容中增加了自行履行力，主张义务主体主动的自行履行义务。义务主体的自行履行义务符合科斯定理第一律中的交易费用为零的原理，即不需要行政行为权利主体为了实现自己的权利而付出任何的交易费用，就能够取得最佳效益。

在行政行为过程中选择最佳效益原则达到行政目的的实现，无疑是相当重要的，而实行力中的行政行为主体自行履行义务出现无疑可以使选择最佳的概率最大化。因为可供选择的若干个价值方案中，所选择的价值方案必须是在可供选择的范围中效益最佳的。如果在所选择价值或方案 S_x 的效益上又发现了另外的价值或方案 S_n 具有更高的效益，就应选择效益更好的 S_n 而不是 S_x^3 [53]。在传统的执行力理论中，只强调了行政主体的强制执行（S_x），没有其他的可选择余地，而实行力理论出现了自行履行（S_n），行政行为主体选择自行履行（S_n）具有更高的效益价值。从实证的角度亦可以对此予以论证，义务主体对于行政行为的确定义务，往往基于其自身的利益考虑而积极主动地执行，这样就节约了义务履行的成本；如果义务主体不主动履行义务，进入到强制执行程序，一方面增加了权利主体的实行权利的成本，另一方面对于不履行义

〔52〕 张文显：《二十世纪西方法哲学思潮研究》，法律出版社 1996 年版，第 114～116 页。
〔53〕 卓泽渊：《法理学》，法律出版社 1999 年版，第 315 页。

务的主体，法律规定了执行罚、罚息等强制措施，这必然也增加了义务主体的成本。此外，对于强制执行还可能引起行政诉讼纠纷，也就产生诉讼成本负担的问题。因此，作为理性的主体，义务人自行履行是其符合效率的最优选择，行政行为实行力理论中自行履行契合了这一基本原理〔54〕。

（二）行政行为实行力提倡协商与合作，可以有效地提高行政效率

在市场经济条件下，包括行政主体在内的各个市场主体不仅应当具有强烈的效率观念，而且必须将效率置于一个优先的位置予以考虑。在传统的执行力理论中，行政管理的效率是通过强制获得的，而强制的大量运用使得行政的成本与行政目标的实现之间产生了严重的不协调。这是因为依靠单一的行政权力手段来实现行政目的，就必然要扩充行政的组织和人员，增加相应的物资设备或手段，同时还须加大执法力度，一旦当事人不履行行政上的义务或稍有不从就予以强制执行，势必加大行政成本，也降低了行政效率与绩效。如果总是以强制力为手段对行政相对人强制执行，就会导致可怕的恶果：不论公民是否认同和接受行政主体的决定，行政主体都强迫其服从，而为了增强所谓行政管理的效果，行政主体又只能不断寻求更大、更多的权力，成本越来越大，有时可能会起一时之效，然而从长远看，效率会越来越低，结果只会形成高成本低效率的恶性循环。而且如果只依靠单方的命令手段从事管理，民众会普遍不服从，仅凭权力手段就无法实施法律和执行行政决定，法律就成

〔54〕传统执行力一元的强制执行模式付出成本太高，有悖于效益原理。可以从实证的角度分析我国的强制执行：首先，我国的强制执行制度中，执行权主体分别为法院和行政机关，立法机关就不得不去寻求一种相对合理的标准，以便划清法院和行政机关之间的权力划分；在此基础上立法机关需要为法院和行政机关设立两套不同的执行程序，对强制执行违法且造成的损害赔偿也需要分别作出规定。其次，强制执行势必需要一定的人员和相应的物资设备或手段。最后，就申请人民法院强制执行而言，法院要对其具体行政行为实施合法性审查。围绕着现行行政强制执行所付出的立法成本、行政成本和司法成本都是极高的，但执行效果却未必理想。

了“白条”，法律和政府的权威也在这种“白条”中慢慢流失。其结果是人们对法律的情感越来越淡薄，法律的权威越来越受到蔑视并形成一种恶性循环。[55]

在行政行为中，行政主体和公民都要付出一定的成本，行政主体一方来说是行政成本，对公民一方来说则是合作成本。行政成本主要包括行政组织成本、行政决策成本、行政执行成本，如果以权力为纽带来组织行政资源却得不到公民的配合与服从，行政主体就不得不消耗更大的成本资源来迫使公民服从，行政决定的执行成本也会因缺少公民的主动配合而居高不下[56]。正是基于此考虑，有学者认为：尽管“现代政府仍有类似的一些强制措施，然而支配政府决策的已不再是暴力的和镇压的逻辑，那种压制或是消灭异己的野蛮手段根本行不通，代之而起的是和解的和合作的逻辑，是不同见解、不同利益、不同群体多元共存的逻辑”[57]。

诚如哈耶克所言，“强制是一种恶，它阻止了一个人充分运用他的思考能力，从而也阻止了他为社会做出他所可能做出的最大的贡献。”[58] 如果行政主体完全依靠强制来实现行政目的，运行成本必然很高，而协商与强制行政相比，尽管也需要一定的成本，但其效率则高得多。依据科斯谈判理论：（1）自愿合作是实现效率的最佳途径，（2）但实际上存在诸多阻碍自愿使用的因素，因此，（3）须克服阻碍谈判进行的因素以恢复效率，（4）在恢复效率的诸途径中，又以能够

---

〔55〕杨解君：《从多维视角看契约理论在行政法中确立的正当性》，载《江海学刊》2003 年第 2 期。

〔56〕参见［德］柯武刚、史漫飞：《制度经济学：社会秩序与公共政策》，韩朝华译，商务印书馆 2001 年版，第 156 页。

〔57〕张文显主编：《马克思主义法理学》，高等教育出版社 2003 年版，第 425 页。

〔58〕［英］哈耶克：《自由秩序原理》，邓正来译，三联书店 1997 年版，第 165 页。

促进当事人自愿合作的安排为最佳。[59] 行政主体与行政相对方之间的合作无疑是实现效率的最佳途径，通过合作，二者之间产生纠纷的可能性也会大大降低，进而对成本的需求会得以降低。换言之，加强行政相对人与行政主体的合作，有利于沟通与协调行政主体和行政相对人之间的关系，避免行政相对人与行政主体的无益摩擦，减少不必要的误解和争议。因此，行政行为的总体效率因双方的合作而得以提高。

综上所述，行政行为实行力理论的提出和确立，可以使行政活动更具效率性，也可以使行政行为内容得到及时、有效的实现，从而避免时间与金钱、人力与物力的浪费，以最少的成本获取最佳的效益。

三、维护秩序

人类社会秩序的形成大体上经历了自发、自觉这两个阶段。在国家形成之前，人类社会秩序的形成主要是自发的。此时的社会秩序主要体现在道德、习惯、宗教戒律中。随着国家和以国家的名义颁布的法的出现，人类社会秩序的形成便日益加入了自觉的成分，形成了法律秩序，尽管最初的法仍然包含大量的习惯规则。当人类逐渐以立法尤其是系统的法典式立法方式来确定人的行为规则时，它表明人类对社会秩序的认识达到了新的境地，已能自觉地对社会秩序实施有目的的设计。[60] 法律秩序是通过法的实施和法的实现而建立起来的人与人之间的一种有条不紊的状态。

法律之所以可以带来秩序，是因为秩序的本质是让人们的行为和谐与合乎规律，并以此达到社会关系的有序状态，秩序是无序的对立物。法律的特征正好符合有序化的内在规定性，法律自产生之日起，就是无

---

〔59〕 魏建：《理性选择理论与法经济学的发展》，载《中国社会科学》2002年第1期。
〔60〕 参见孙国华主编：《法理学》，法律出版社1995年版，第89页。

序的克星。法律可以防止无政府状态和专制政府的暴政，可以将有序关系引入人们的交往之中，并给人们如何行为提供一种标准、规则和尺度。[61] 行政行为实行力作为法律范畴的内容，秩序也是其基本价值之一。

（一）行政行为实行力是以确保行政行为内容实现为目的，体现了对秩序价值的追求

现代法治理念要求法律制度既要限制权力的正当边界又要维护权力的有效运行。行政权力既不是一种绝对的善，也不是一种绝对的恶，它只是一种服务行政的手段。基于其自我扩张和易被滥用的本性，需要用法治的手段来限制和约束；基于其自身的职能和存在目的，又需要积极维护其权威并保障其权能的有效发挥。行政权力既需要限制又需要维护，这是一个对立统一的矛盾运动，其最终目标是实现公共治理事业的圆满成功。具体在行政行为实行力理论中，实行力的目的在于行政行为内容的早期实现，更加抽象地说，在于行政目的的早期实现[62]。行政主体与行政相对人需要积极互动、通力协作，共同致力于这一根本目标的实现。而行政目的的实现是对法律秩序的维护，因为如果生效行政行为的内容一直得不到实现，那么这将使该行政法律关系处于一种不稳定的状态，其法律效果就无法预见，这就不利于法律秩序的维护。也就是说，如果一个行政行为它本身连实行力都没有，那么行政行为就无法实施，而行政行为不能实施就无从谈及其可预见性[63]。基于法律秩序维护的需要，行政行为具有相应的实行力以保障行政行为产生既定法律效果的。换言之，实行力的存在既有助于督促相对人自觉地遵守并履行行

---

〔61〕陈金钊：《法理学——本体与方法》，法律出版社1996年版，第291页。

〔62〕参见［日］盐野宏：《行政法》，杨建顺译，法律出版社1999年版，第110页。

〔63〕比如，行政机关批准在某土地上盖房，行政相对人因为行政批准没有实行力就不敢盖房，因而要赋予行政行为以实行力，唯有如此，行政行为才能起到法律安定性的重要支撑作用，才能保障国民生活的有序和稳定。

政行为所确定的义务，也有助于在相对人拒绝自行履行阶段对其进行的强制执行。行政行为实行力可以在一定程度上维系安全的、有序的、可预见的、合法的法律秩序。

（二）行政行为实行力强调义务的主动履行，这有助于法律秩序的维护

每个人都希望生活在有序的社会里，诚如马斯洛所言："我们社会中的大多数成年者，一般都倾向于安全的、有序的、可预见的、合法的和有组织的世界；这种世界是他所能依赖的，而且在他所倾向的这种世界里出乎意料的、难以控制的、混乱的以及诸如此类的危险事情都不会发生。"[64] 然而并非仅仅依靠法的强制力，秩序就能得以保障，秩序的实现更需要人人守法的状态，每个主体都需自觉地履行义务。因为"安全和有秩序地生活，这种利益，只有在几乎所有人都遵守法律的情况下才可能实现。每一个人，无论他是否遵守法律，都可以获得这种利益。不遵守法律的人，就是处于'随意自决'状态的人"。[65] 行政行为实行力强调了行政行为主体双方各自对其义务的主动履行，这契合了秩序的稳定性依赖于人们遵守的原理。

在行政行为实行力的各种价值中，各种价值的平衡是行政实行力理论必须要兼顾的。这就犹如建造一所房子，要考虑到多种价值。假如居住者是个胖人，从胖人的角度盖房子时要造一个大门。而如果仅仅考虑这样一个价值，将房子其他的地方全都盖的严严实实的，那么往往这个价值就可能使居住者在夏天就没法住了，所以盖房子还得考虑通风，要想通风就得安窗户。在安窗子时，其大小尺寸还得综合考虑冬天保暖、

〔64〕［美］E. 博登海默：《法理学——法律哲学与法律方法》，邓正来译，中国政法大学出版社1999年版，第227页。

〔65〕［美］彼得·斯坦、约翰·香德：《西方社会的法律价值》，王献平译，中国人民公安大学出版社1990年版，第61页。

采光以及内部结构的相互和谐。一言以蔽之，即使盖一所房子也要考虑综合价值的平衡，与此同理，行政行为实行力同样也不能只考虑一个价值，要注意各种价值的平衡。

第三章 行政行为实行力的状态分析

本章主要是对行政行为实行力状态进行分析，遵循了理论与实践相结合原则，虽立足于实行力状态的学理思考，但并非仅限于理论梳理，也涉及对实行力状态中存在问题的探讨。行政行为实行力状态是指行政行为实行力自生效时始，至作用力消灭时止的存续状态，是行政行为实行力在整个行政过程中所呈现出的样态。行政行为实行力如一切事物的发展过程同时兼具连续性与阶段性一样，其状态也包括三个连续的阶段：产生、维系、消灭。

第一节 行政行为实行力的产生

一、行政行为实行力产生的前提：行政行为的生效

行政行为实行力的产生始于行政行为的生效，而行政行为的生效是以行政行为的成立为前提。在论述行政行为实行力产生时，必须先研究对行政行为生效与行政行为的成立之间的关系。

（一）行政行为的成立与生效

行政行为的成立是指行政行为符合一定条件即视为客观存在或具备

行政行为的质的规定性。行政行为成立是行政行为在法律上的起点，是一个行政行为具有实行力的必经过程。行政行为的成立与否是区别行政行为与其他非行政行为的关键，只有客观存在的行政行为，对其生效、有效与合法性的进一步研究才具有价值。从这个意义而言，行政行为的成立是行政行为实行力产生的必要条件。

行政行为的生效是指行政行为符合特定条件时开始产生全部或部分形式上的效力。行政行为生效以行政行为成立为前提条件，如果行政行为还未成立，便不能成为行政行为，也就更谈不上生效的问题。对于行政主体而言，行政行为一经成立，即对其产生实行力（附款行为除外）。但是对相对人而言，由于在行政行为成立与相对人实际知悉行为内容之间客观存在一定的时间差，行政行为产生实行力的时间往往不是其成立的时间。行政行为自送达相对人或其他利害关系人时起，或自以其他适当方式通知相对人或使其正式知悉该行为时才生效。而在附款[1]的行政行为中，只有附款设定的生效条件成就，行政行为实行力才能产生。也就是说，行政行为的生效遵循以下规则：(1) 即时生效，即行政行为一经做出便对相对人产生实行力。(2) 告知生效，指行政行为只有在告知相对人后，才对相对人产生实行力。(3) 受领生效，指行政行为只有在相对人接收、知晓、领会之后，才对相对人产生实行力。(4) 附款生效，指行政行为的生效被附有某种条件或一定期限，该种条件满足后或期限到达之时，该行政行为才能生效，才具有实行力。

---

[1] 附款主要包括以下几种具体类型：期限、条件、负担、负担保留、废止权的保留。期限，是指将决定行政行为法律效果的开始和终止限定于特定时期的一种意思表示。条件，是指将行政行为法律效果的开始或终止系于不确定事实的发生与否的一种意思表示。负担保留，是行政主体作出具体行政行为时，规定在必要时保留事后附加、变更或补充负担的权限的一种意思表示。废止权的保留，是出于公益保护之必要，在做出行政行为时事先保留撤回主行政行为的意思表示。详见［德］毛雷尔：《行政法学总论》，高家伟译，法律出版社 2000 年版，第 315 页。

（二）行政行为实行力发挥效用时间

通常情况下，行政行为生效后，实行力对行政行为主体同时发挥效用，如在即时强制中，强制行为一旦做出，实行力就已经实现。但在特定情形下，缘于生效时间的不同，行政行为对其作出机关、相对人产生实行力的时点各不相同。对行为主体而言，行政行为的成立与生效在时间上一般是完全重合的。而对相对人来说，其知悉行为内容的时间即为生效时间，所以很多情况下，行政行为对行政相对人产生实行力的时间晚于行政主体。当行政行为相对人为多数不特定人时，行政行为从公告之时起生效，缘于不同的相对人因接到通知的时间不同而实行力发挥效用的时间不同。例如，对多个相对人通过邮寄方式送达行政行为，这些相对人收到决定的时间不同，行政行为的生效时间分别以各个相对人收到决定的时间开始起算。

（三）行政行为实行力的溯及既往

行政行为实行力的产生就意味着行政行为所设定、变更或消灭的权利义务开始作用于行政行为主体。行政行为本质上是贯彻执行法律的行为，缘于法律不溯及既往的原则，一般情况下，行政行为实行力不溯及既往，但在特定条件下具有溯及既往的效力，即在不溯及既往就不能实现行政目的的情况下，行政行为可以溯及既往。

行政行为实行力溯及既往必须具备以下条件：第一，必须不溯及既往就无法实现行政行为的目的。例如，撤销行政行为的决定本身也是一个行政行为，它应当从被撤销的原行政行为做出时发生效力。否则，无法实现撤销目的。第二，必须具有追溯的可能性。只有具有追溯可能性，也即追溯的效力能够得以实现的时候，追溯才具有实际意义。第三，不影响其他主体的合法权益。如果影响第三人的合法权益，或给社会、国家、公共利益造成重大损失，通常不能具有追溯力。行政行为具有溯及力的具体情形有：第一，先前已存在特定关系的行政确认通常具有溯及既往的性质。在行政行为作出前，权利义务关系已经存在，并且权利义务关系已经实现或部分实现，所作行政行为只是这种权利义务关系的确认。第二，为执行法院判决或复议决定而重新做出的行政行为。第三，不损害第三人利益的授益行政行为，其执行力可以追溯到行政行为做出之前。第四，紧急情况下的先予执行，事后所做的行政行为可以被赋予溯及力。第五，某些撤销决定〔2〕。

二、行政行为实行力的产生：问题与对策

（一）实行力产生中存在的问题

1. 成立和生效关系尚不确定

行政行为实行力的产生的前提是生效，而不是成立。行政行为的成立与生效有着本质的区别，不能将两者混为一谈，更不能将两者完全等同。行政行为的成立只是为了确定行政行为在何种情况下已经完成。但行政行为的作出并不意味着相对方立即知晓。也就是说，行政行为的成立和相对方的知晓存在时间上的间隔。因此，行政行为实行力的开始，因行政机关本身和相对方的不同而有所不同。对于行政机关来说，行政行为的成立和行政行为实行力的开始时间应当是一致的，行政行为一旦作出就立即生效。行政机关从作出时就有遵守的义务，对相对方而言，行政行为并非作出就生效，只有在行政行为为相对方知晓时才能开始生效。〔3〕行政行为的成立着眼于行政行为的存在与否，而行政行为的生效则关注行政行为是否发生行政主体所预期的实行力。但现行的制度不仅常将行政行为的成立、生效不加区分的使用，而且还对成立、生效、有效、合法混淆，如《行政处罚法》第41条规定："行政机关及其执

〔2〕参见叶必丰：《行政行为的效力研究》，中国人民大学出版社2002年版，第161、162页。

〔3〕参见罗豪才：《行政法学》，北京大学出版社1996年版，第126页。

法人员在作出行政处罚决定之前，不依照本法第三十一条、第三十二条的规定向当事人告知给予行政处罚的事实、理由和依据，或者拒绝听取当事人的陈述、申辩，行政处罚决定不能成立；当事人放弃陈述或者申辩权利的除外。”这就混淆了成立与生效的关系，因而制度设计的不完善在某种程度上主要原因在于理论的混乱。

2. 缺乏科学的送达规则

送达是指行政行为主体依照法定方式，将行政行为决定书和其他法律文书送交相对人的制度。行政行为主体作出行政行为后，在很多情况下，只有在送达的前提下才能对行政相对人产生实行力。行政行为决定书或其他法律文书应当在宣告后交付相对人，相对人应在送达回证上签名或盖章并注明签收日期，其签收日期为送达日期。我国台湾地区“行政程序法”第110条规定：“书面之行政处分自送达相对人及已知之利害关系人起；书面以外之行政处分自以其他适当方法通知或使其知悉时起，依送达、通知或使知悉之内容对其发生效力。一般处分自公告或刊登政府公报、新闻纸最后登载日起发生效力，但处分另订不同日期者，从其规定。”而我国在送达规则上缺乏科学的规定，如按照《中华人民共和国行政处罚法》第40条规定，“依照民事诉讼法的有关规定[4]，将行政处罚决定书送达当事人”。尽管我国的《民事诉讼法》、《行政处罚法》均规定了送达的有关要求和具体执行方式，但是由于行政处罚文书和其他民事执法文书有所不同，所以在送达时会发生一些问题和纠葛，以致无法顺利实施。

3. 缺乏行政行为的附款制度

行政行为的附款使行政主体可以控制行政行为实行力产生或者消灭

---

[4] 根据《民事诉讼法》的规定，送达的方式有直接送达、留置送达、委托送达、邮寄送达、转交送达、公告送达六种。

的时间点，使弹性行政成为可能[5]。行政行为的附款，源于德国民法学上的附款概念（Nebenbestimung）。传统行政法对附款的定义是：为了限制行为的效果而在意思表示的主要内容上附加的从属性意思表示。[6] 现代行政法多将附款解释为：行政主体在行政法规范以外规定的、其成就与否决定法律行为效力或消灭的、某种将来发生的法律事实。[7] 而在我国，对附款的研究起步较晚，对附款行政行为的规定较少，虽然在行政许可领域已经出现行政行为的附款规定，但较之于庞大的行政法制体系而言，行政行为的附款规定还是缺乏，需要不断地予以丰富。

（二）完善实行力产生制度的对策

1. 明文规定行政行为生效的相关内容

对行政行为生效相关内容的明文规定，可以进一步规范实行力的产生，其应当包括：第一，应当规定行政行为的成立要件。行政行为的构成要件是行政行为必须具备的条件，也是行政行为区别行政行为不存在的标准。行政行为的成立要件具体包括主体要件、主观要件、形式要件。第二，应当规定行政行为实行力产生的时点。对于即时强制，实行力产生的时点就是作出行政行为的那个时点。对于告知生效，行政主体告知义务履行完毕的时点就为行政行为实行力产生的时点。对于附款生效，行政行为所附条件满足后或期限到达之时点为行政行为实行力产生的时点。第三，应当对行政行为实行力产生的内容作分别规定。尽管通常界定实行力的产生是在行政行为生效时，但也需要具体情况具体分析。行政行为的实行力内容包括即时实行力、自行履行力、强制执行

---

〔5〕参见［日］室井力：《日本现代行政法》，吴微译，中国政法大学出版社 1995 年版，第 117～118 页。

〔6〕［日］盐野宏：《行政法》，杨建顺译，法律出版社 1999 年版，第 105 页。

〔7〕叶必丰：《应申请行政行为判解》，武汉大学出版社 2000 年版，第 128 页。

力。即时实行力是行政行为一旦做出就产生了，自行履行力是在行政行为生效的时候产生的，而强制执行力是在经过自行履行阶段后才产生的。第四，应当规定行政行为延迟生效的情形及条件。在某些情况下，已经成立的行政行为只有在符合特定的生效条件（通常为附款）时才能产生实行力，如果这些条件不成就，行政行为就会延迟生效。而附款多是以条件、期限、负担等方式附加于行政行为主要内容上的意思表示。行政行为成立时附成就条件的，在条件成就后行政行为才产生实行力；行政行为成立时附始期的，行政行为自期限到来时产生实行力；行政行为成立时附负担的，相对人只有履行特定的作为或不作为的义务才能产生实行力。

2. 建立科学有效的送达制度

送达是保证当事人的知情权，保护当事人合法权益的重要环节，是使任何可能对当事人的利益产生影响的法律文书生效的必要环节，也是实行力产生过程中必不可少的。行政行为的送达通常可以分为两种方式：实际送达和推定送达。实际送达可以使行政相对人便捷地、低成本地获知行政行为的内容。实际送达主要包括口头送达、交付送达等。一般而言，把行政行为决定书送达至受达人乃是保证决定书真正被收到的最便捷最有效的方法。推定送达是指行政主体在无法当面将行政行为送达行政相对人时，通过法定的其他方式实施送达行为，并据这种送达行为所产生的结果推定已将行政行为决定书送达了行政相对人。推定送达主要包括公告送达、邮寄送达、留置送达。多种送达方式的存在可以应付不同案件的需要，送达可以依据情况不同预设不同的送达方法，但其核心是必须本着行政行为主体最容易送达或行政行为相对人可能知晓的原则确定送达制度。

3. 建立合法科学的附款制度

行政行为的附款通常情况下是对个人权益的一种限制，也对实行力产生与否，产生的时点都有重要影响。对于建立合法科学的附款制度而言，其最重要的就是所附款的合法性，具体包括两个方面：其一，行政机关依法有权附款，其重点是行使权利来源的合法性，行政机关若缺乏附加附款的授权基础，则其所附加的附款，不管其内容如何，均构成违法。申言之，首先需确定法律有无明文规定，如果法律明文授权行政机关附加附款，行政机关当然可以据此附加附款。一般来说，行政机关是否有权附加附款，因行政机关有无裁量权，以及行政行为属于授益性或侵益性行政行为而不同。日本学者室井力认为“附款的根据是：第一，在法令明确承认具有附款权利的情况下，当然可以附款。第二，在法令无明文规定可以附款的情况，只有在赋予行政厅有裁量权才可以附加附款。在法令严格规定了行政行为的要件，而且在符合要件时有义务施行该行为的羁束行政行为的情况下，附款是不允许的”[8]。其二，行政机关附款的合法，其重点在附款内容是否符合法律规定。一般来说，对附款的内容合法性有如下要求：第一，行政行为的附款，如果是根据法律的规定，这种附款必须符合法律的规定，内容和程序均不得违背法律之规定。第二，在作为裁量权的行使而附加附款的情况下，也不得附加违背授权行政行为的法规目的的附款。第三，附款不得违反平等原则，而且按照行政目的，不允许其内容超过必要的最小限度，即符合比例原则。第四，附款必须符合关联性原则，即附款的内容应当与行政行为的目的有一定的关联性，否则附款缺乏正当性。第五，原则上，附款必须与行政行为同时作出，不得在行政行为作出之后再附款。

---

〔8〕［日］室井力：《日本现代行政法》，吴微译，中国政法大学出版社1995年版，第121页。

第二节 行政行为实行力的维系

在行政行为生效后，其实行力可能随着法律规定或事实状态的改变而发生相应的变化。行政行为实行力的维系是指行政行为生效后，为了保证法律的安定性价值，尽可能地维护该行政行为，使实行力继续发生效用。诚如德国行政法学者毛雷尔所言，行政行为具有特殊的功能，它一方面服务于行政效率，是一种方便的、合理的管理手段，特别适合现代行政规模过程的控制，在某种程度上是必不可少的；另一方面又服务于公民利益，即明确地确立和划定公民的权利、义务，成为稳定地进行其他处理的根据〔9〕。申言之，在服务行政的背景下，行政行为生效后，一方面，为了实现行政行为的内容以维护公共秩序，行政行为实行力应当得到肯定并维持下去；另一方面，对于诸多的授益行政行为，行政相对人的信赖利益需要通过实行力的维系来得以保障，唯有如此，以权利为核心的服务行政其服务性才得以彰显。行政行为实行力的维系是服务行政下行政法理性的彰显，其具体表现为实行力的中止与恢复、转换与承继、延迟与延长。

一、行政行为实行力的中止与恢复

（一）行政行为实行力的中止

行政行为实行力的中止是指有权主体依职权或依相对人的申请，并基于法定事由或正当事由暂时停止原行政行为的实行力。例如，当事人申请复议，复议机关决定中止行政行为的执行，当事人提起诉讼，法院

〔9〕［德］哈特穆特·毛雷尔：《行政法学总论》，高家伟译，法律出版社2000年版，第205页。

裁定停止行政行为的执行，这些都是实行力中止的表现。中止行政行为实行力的主体可能是做出原行政行为的机关，也可能是复议机关或人民法院。中止行政行为必须具备法定事由，行政机关不能随便停止行政行为的实行力，并且只是暂时停止，而非永久停止。

行政行为实行力的中止的条件：第一，法律规定必须或应当中止，主要是因为违法行为的出现，致使原行政行为实行力中止。第二，行政主体与相对人协商同意中止行政行为的实行力。第三，因不可抗力，例如地震的发生，而不得不中止行政行为的实行力。

在大陆法系国家，奉行“争讼不停止执行”原则，只有在少数情形下，争讼才停止行政行为的执行。我国《行政复议法》第 21 条与《行政诉讼法》第 56 条分别规定，行政复议或诉讼期间，不停止行政行为的执行，但符合法定情形的可以停止执行。必须予以强调的是，对于法定情形下停止执行，只是行政行为实行力中的强制执行力处于中止状态，而对于自行履行力其并没有中止。行政行为实行力中止的条件消失或期间届满，若行政行为被撤销，则其实行力消失，若被维持，则其实行力恢复。因此，实行力中止只是行政行为实行力的暂时形态。如果实行力中止的决定被撤销，原行政行为实行力恢复。如果有权机关认定原行为并非合法有效，则原行政行为实行力消灭。

（二）实行力恢复

行政行为实行力的恢复是指实行力发生中止或消灭的行政行为因法定情形的出现而使其重新复原。实行力恢复的情形有：第一，实行力中止的原因消失，则实行力恢复。第二，撤销决定违法，被再次撤销，原行政行为实行力恢复。第三，原行政行为被改变，改变决定因自身错误而被撤销，则原行政行为实行力恢复。第四，原行政行为被废止，废止决定因自身错误而被撤销，则原行政行为实行力恢复。第五，复议决定违法被撤销，责令复议机关重新作出决定，在复议机关做出新决定之前，原行政行为的实行力恢复。

二、行政行为实行力的转换与继承

（一）实行力的转换[10]

转换是行政主体利用违法行政行为中的合法内容将其置换成相同目的及实质、形式要件的另一行政行为。[11] 例如，日本东京地方法院判决认为，以死者为收件人发出的农地购买处分，其继承人接到时，应当将其继承人看作收件人，维持原处分的效力。[12] 行政行为实行力的转换通常发生于重启程序已无任何实际意义的情形，这对于维护法律关系的稳定、提高行政效率、节约有限的行政资源具有重要意义。转换后的行政行为的实行力追溯至原行为生效之时，被转换的行政行为自始不产生实行力。

行政行为实行力的转换需要具备积极要件和消极要件。如《联邦德国行政程序法》第47条即规定：“（1）具瑕疵的行政行为与另一行政行为目的相同，作出前者的行政机关依已发生的程序和已采取的形式也可能合法作出后者，且具备作出要件的，可将前者转换为后者。（2）具瑕疵行政行为拟转换的行政行为，明显有悖其作出机关的初衷，或其法律后果会对相对人造成较具瑕疵行为更大不利的，不适用第1款规定。不允许撤销的具瑕疵的行政行为，同样不允许转换。”转换的积

---

〔10〕 转换制度脱胎于大陆法系民法中无效民事法律行为的转换理论，我国台湾地区“民法”第112条规定：“无效之法律行为，若具备其他法律行为之要件，并因其情形，可以当事人若知其无效，即欲为他法律行为者，其他法律行为，仍为有效。”

〔11〕 章志远：《行政行为效力论》，中国人事出版社2003年版，第138页。杨建顺教授认为，违法行为的转换是指某种行政行为因为有瑕疵，本来是违法或者是无效的，但是作为另外一个行政行为来看时，不仅没有瑕疵，而且在其目的、程序、内容上也都满足了合法要件时，便将该行政行为看作另一个行政行为，作为有效的行政行为来处理。参见杨建顺：《日本行政法通论》，中国法制出版社1998年版，第402页。

〔12〕 杨建顺：《日本行政法通论》，中国法制出版社1998年版，第402页。

极要件包括：第一，原违法行政行为可以包含另一新的行政行为。第二，原行政行为具备作出另一新的行政行为的实体法要件。第三，两个行政行为可以达到相同的目的、法律效果或具有基本相同的价值。第四，转换后的行政行为系属合法。而行政行为的转换会对行政机关和相对人产生负担，虽具备上述积极要件，但有下列情形消极要件之一的亦不能进行转换：第一，原行政行为不能撤销。有瑕疵的行政行为依法律规定或依法理不得撤销的，例如，撤销对公益有重大危害的或基于信赖保护原则，如果进行转换则无异于撤销。第二，转换不符合作出原行政行为的目的的。第三，转换法律效果对当事人更为不利。第四，羁束行政行为不得转换为裁量行政行为。[13]

（二）实行力的承继

行政行为实行力的承继是指先行行政行为的实行力为后续行政行为所转化、吸收，纵使先行行为无效或归于消灭，此前以其为依据或基础而做出的后续行为仍然具有实行力，先行行为所衍生的事实仍可具有法律效果。对于先行行为而言，其实行力或者无效或者被消灭或者被后续行为的实行力所取代，总之，先行行为不再具有实行力，而后续行为则依然有效，除非经法定程序予以消灭。

行政行为实行力的承继，主要发生在以下的情形：第一，依据无效行政行为做出的行为并不当然无效，而可能仅是可撤销。第二，由无效行政行为而衍生出来的事实在法律上仍可被视为具有实行力。葡萄牙《行政程序法》第 134 条第 3 款规定，虽然无效行政行为不产生任何法律效果，但这“不妨碍因时间经过及按法律一般原则，而对从无效行为中衍生的事实情况赋予某些法律效果的可能性”。澳门《行政程序法》第 115 条第 3 款也作出了同样的规定。例如，某煤矿的采矿许可证

---

〔13〕 胡建淼主编：《行政违法问题探究》，法律出版社 2000 年版，第 531、532 页。

被宣布无效后，矿主不得因此要求煤矿主管部门及税务部门退还其经营期间缴纳的管理费及税款。[14] 第三，行政行为被消灭，但由此而衍生的事实或以该行为为基础而做出的行为仍可以被视为具有实行力。例如，违法颁发的驾照被依法吊销后，原驾照持有人不得以此为由追索此前缴纳的养路费。第四，行政机关对违法行为先行警告、责令停止或限期改正，相对人拒不履行或拒不改正的，行政机关继之对其进行罚款或其他处罚。这样原行为并未消灭，其实行力转化吸收到新的行为当中。

三、行政行为实行力的延迟与延长

（一）实行力的延迟

行政行为实行力的延迟是指由于法定事由的出现，行政行为产生实行力的时间被推迟，即行政行为生效时点因法定事由阻却而被迫延缓、推迟。西班牙《公共行政机关及共同的行政程序法》第 57 条第 2 款规定：“如行为内容有此要求或效力取决于通知、公布或上级批准，则该效力予以推迟。”葡萄牙《行政程序法》第 129 条规定：“在下列情况下，行政行为延迟产生效力：第一，行政行为须经核准或副署；第二，行政行为的效果受停止条件或停止期限拘束；第三，基于行政行为之性质或因法律的规定，必须符合与行为本身的有效无关的任何要件时，该行为才产生效果。”澳门《行政程序法》第 111 条的规定与此相同。归纳上述各国或地区立法实践，行政行为实行力的延迟主要有如下情形：第一，行政行为须经核准或副署的。第二，行政行为实行力受中止条件或中止期限拘束。其中，中止条件或期限通常规定于附款当中，也就是说，实行力中止的行政行为多是附款行政行为。第三，基于行政行为的性质或法律规定，必须符合与行为本身的有效无关的任何要件时，该行

---

〔14〕 杨海坤、章志远：《中国行政法基本理论研究》，北京大学出版社 2004 年版，第 253 页。

为才产生实行力。第四，不可抗力或其他法定的不可归责于当事人的原因。

（二）实行力的延长

行政行为实行力的延长是指因法定事由出现，而导致行政行为实行力的终止时间的延缓。它通常是指行政行为被行政主体违法中止或消灭，仅通过使原行为的实行力恢复并不足以保护相对人的合法权益时，通过延长行政行为实行力终止的时间予以救济，或者在行政行为实行力终止期限届满，相对人在法定期限内提出申请，将行政行为的实行力终止期限予以延长。因此，有别于实行力延迟是产生时间的延缓、推迟，实行力延长则是指实行力存续期间的续展、延长，也即实行力终止时间的延缓。

行政行为被非法中止或消灭的，实行力的延长通常需要如下条件：第一，一般为授益行政行为，通常为颁发附期限的资源类许可证。由于资源的稀缺性，对于资源的开发、经营的许可通常附有期限。第二，行为内容通常表现为持续性行为，一次性行为则不存在实行力的延长问题。第三，该行政行为被行政主体违法中止或消灭。第四，仅通过恢复原行为的实行力不能充分保护相对人的合法权益。第五，实行力延长的时间通常等于该决定被非法中止的时间。第六，如果存在利害关系人，则实行力的延长不得损害该利害关系人的利益。行政行为实行力期限届满的，实行力的延长通常需要如下条件：第一，行政行为的效力终止期限届满。第二，须相对人在法定期限内申请。第三，延长的期间通常由法律明确规定。例如，我国《商标法》第 40 条规定："注册商标有效期满，需要继续使用的，商标注册人应当在期满前十二个月内按照规定办理续展手续；在此期间未能办理的，可以给予六个月的宽展期。每次续展注册的有效期为十年，自该商标上一届有效期满次日起计算。期满未办理续展手续的，注销其注册商标。"

第三节 行政行为实行力的消灭

行政行为实行力的消灭是指行政行为生效后，因发生法定事由而导致实行力的消灭。实行力消灭的前提条件是行政行为已经生效和法定事由的出现。如果行政行为尚未生效，实行力的消灭也就无从谈起。同时，只有具备法律的明确规定或者某些特定客观事实的发生，行政行为的实行力才能归于消灭。行政行为实行力的消灭通常包括三种情形：终止、废止与撤销。

一、行政行为实行力的终止

行政行为实行力的终止是指正常情况下，行政行为非因违法，亦非因法律或事实状态发生变化而正常失去实行力。实行力终止需具备以下条件：第一，行政行为的内容与目的已经实现，例如，义务已经履行，期望的状态已经实现，任务已经完成。如相对人自行履行行政行为所设定的义务的。第二，对象已经不复存在，例如行政行为为其设定专属权益或者义务的自然人死亡，行政行为为其设定专属义务的法人或者其他组织的不复存在，标的物已经灭失。第三，所附终止条件已经成就，或终期届满。第四，权利主体放弃权利，例如，放弃被救助的权利或者应当申请强制执行而未申请的。在日本，由于行政不严谨而成立的法律关系，有时也根据行政不严谨以外的事由消灭。（1）期限的到来。由于一定期限的到来，根据行政行为而成立的法律关系便告消灭。例如，驾驶执照，在接受驾驶执照的适合性测验之日后第三次生日过后，当然地失去效力。（2）相对人的情形。通常存在将行政相对人作为法律事实的情形，使根据行政行为而成立的法律关系消灭的情形。[15] 行政行为实行力一旦终止，既不具有溯及既往的效力，向后也不再发挥效用。

二、行政行为实行力的废止

行政行为实行力的废止是指行政行为作出后，其本身是合法的，但由于事后法律或事实状态发生变化，而使其实行力归于消灭。废止原则上只能由行政行为的作出机关自行废止，并且在授益行为以信赖保护为原则，对于负担行为以撤销自由为原则。废止是因形势或法律政策的变化，原合法、适当的行政行为已不符合现行法律、政策，或者行政行为已完成其原定的目标任务，故行政主体消灭其实行力。一般认为，导致行政行为实行力废止的原因主要有三种："（1）行政行为所依据的法律、法规、规章、政策经有权机关依法修改、废止或撤销。（2）国际、国内或行政主体所在地区的形势发生变化，原行政行为的继续存在将有碍社会政治、经济、文化的发展，甚至给国家和社会利益造成重大损失。（3）行政行为已完成原定目标、任务，实现了其历史使命，从而没有继续存在的必要。"[16] 德国《联邦行政程序法》第 49 条、我国台湾地区"行政程序法"第 122～126 条都对行政行为实行力的废止作出了详尽的规定。概括说来，行政行为的废止主要包括如下条件：第一，行政行为本身合法。第二，法律或事实状态的变化。第三，由于这种变化，行政行为继续存在已无实际意义，甚或损害公共利益或他人利益。第四，废止原则上不能损害相对人的信赖利益和第三人的合法权益。第五，法律规定特别条件的，还应当符合法律的特别规定。对于实行力的废止条件也需要具体情况具体分析，需要根据授益行为与负担行为的不

〔15〕［日］野盐宏：《行政法》，杨建顺译，法律出版社 1999 年版，第 127 页。

〔16〕姜明安：《行政法与行政诉讼法》，北京大学出版社、高等教育教育出版社 1999 年版，第 162 页。

同而有所区别。

对于授益行为而言，有下列情形之一的，可以废止，并无信赖保护与损失补偿问题：第一，行政行为本身保留废止权的。行政主体在作出授益行为时，在附款中保留有废止权。当然行政主体行使废止权必须与附款所追求的目的相符。第二，相对人不履行或未在规定期限内履行附款所附负担。在附款行政行为中，负担往往是对相对人进行授益的条件，如果相对人未履行或未在规定期限内履行负担，则行政机关可以废止授益行为。第三，违反行为目的或任务使用所给付的利益。有些行政行为是为了实现一定的目的或任务而给付相对人利益的，如果相对人违反这个目的使用该利益，则可以废止。而具有下列情形的可以废止，但存在信赖保护与损失补偿问题：第一，行为依据的事实状态事后发生重大变化，即情势变更，为维护公共利益而废止行政行为。第二，行为依据的法律被修改或废止，为维护公共利益而废止行政行为。第三，行政行为继续存在将对国家利益、社会利益或公共利益造成重大侵害。对于负担行为而言，其废止条件分为：第一，该负担行为须是裁量决定。如果是羁束决定，并且事实状态没有发生变化，行政行为就没有不做出该决定的自由。第二，在第一个条件下，行政主体经过裁量权衡，认为废止行政行为更为适当。第三，不属于依法不得废止的行为。

实行力的废止原则上向后失去作用力，不能溯及既往。在特殊情形下，即不溯及既往便无法达到废止目的时，承认废止效力具有溯及既往的作用。例如，附负担的授益行为，受益人不履行负担的，废止时应当追索先前的给付。我国台湾地区“行政程序法”第125条规定：“合法行政处分经废止后，自废止时或自废止机关所指定较后之日起，失其效力。但受益人未履行负担致行政处分受废止者，得溯及既往失其效力。”

在有信赖利益存在并值得保护的情况下，行政机关废止授益行政行为之后负有如下义务：安排善后工作，在合理的范围内采取维护公共利益或防止他人权益受到损害或损害扩大所必需的适当措施。例如，建筑许可被废止后，给予相对人清理建筑物拆除现场的合理期间和便利。但是如果废止为相对人所应当预见或能够预见，或者因可归责于相对人的事由而被撤回，则不存在信赖保护与补偿问题。

三、行政行为实行力的撤销

行政行为实行力的撤销是指已生效的行政行为因自身存在瑕疵无法弥补，由有权主体按照法定程序使其失去实行力。有权行使撤销权的主体通常包括做出行政行为的原机关、决定机关的上级机关、监督机关、复议机关以及人民法院。一般的违法行政行为需要经过撤销程序才能失去实行力，未经撤销程序，其实行力不会自动消失。在行政法的母国法国，行政行为撤销的理由有：（1）行政行为主体的违法（无效）；（2）行政行为形式的违法（形式的缺陷）；（3）行政行为目的的违法（权力滥用）；（4）行政行为标的（内容）的违法；（5）行政行为原因（根据）的违法〔17〕。

由于实行力的撤销对行政行为双方主体的权利义务影响重大，通常只有符合以下几个条件才能撤销：第一，行政行为存在瑕疵，并且该瑕疵并非因重大明显而导致无效或因轻微而得补正。例如，《行政诉讼法》第70条规定，对于主要证据不足，适用法律、法规错误，违反法定程序，超越职权，滥用职权，明显不当的行政行为，人民法院可以判决撤销或部分撤销该行为。《行政复议法》第28条第1款第3项规定，对于主要事实不清、证据不足、适用依据错误、违反法定程序、超越或滥用职权、明显不当的具体行政行为，复议机关可以撤销该具体行政行

---

〔17〕 王名扬：《法国行政法》，中国政法大学出版社1988年版，第685～686页。

为。对于不明显的重大瑕疵，由于并未构成无效，或行政主体拒不补正的轻微瑕疵，也应当依法予以撤销。第二，不得损害信赖利益。如果确实有信赖利益存在，并且经过权衡，信赖利益大于合法性利益，行政行为不能撤销。当然，在相对人以欺诈、胁迫、行贿或对重要事项提供虚假资料或隐瞒事实真相等方式获得行政行为，或行政行为违法非常明显，相对人明知或因重大过失而不知，或一般理性人即足以识别时，不存在信赖利益的保护问题。第三，不得损害第三人的合法权益。特别是复效行政行为同时带有授益与负担两重性质，必须兼顾相对人和第三人的合法权益。

实行力的撤销原则上可以溯及既往，被撤销的行政行为实行力自始失去作用力，因其而形成或消灭的法律关系重新复原，已经执行的则恢复原状。但如果撤销的效力溯及既往会造成公益或当事人权益的不当损失时，也可另定失效的日期，自过去、现在或将来的某一日期失效。我国台湾地区“行政程序法”第 118 条规定：“违法行政处分经撤销后，溯及既往失其效力。但为维护公益或为避免受益人财产上之损失，为撤销之机关得另定失其效力之日期。”此外，实行力的撤销会破坏原行政行为已确立的权利义务关系，为防止更大损害的发生，撤销主体一旦正式作出撤销决定，应当及时通知行政相对人及其他利害关系人。

负担行政行为被撤销后，行政主体应赔偿行政相对人因原决定而遭受到的损失。撤销授益行为，则受到更严格的限制。我国台湾地区即有判例指出，授益行政行为“因违法而发生是否应予撤销时，依一般行政法理，应委诸行政机关裁量，故行政机关对于公益与信赖利益之孰轻孰重，自应加以审酌衡量，如撤销对公益有重大危害，或受益人之信赖利益显然大于撤销所欲维护之公益，且其信赖并无不值得保护之情形，自不得轻言撤销该违法之行政处分”。[18] 也就是说，授益行政行为不值得信赖保护而被撤销的，受益人取得的给付即由于丧失法律原因而构成不当得利，故应予返还。授益行政行为虽然值得信赖保护，但为维护公共利益或较大利益而不得不撤销的，该决定被撤销后，行政主体应给予相对人以适当补偿。

四、行政行为实行力消灭的理性认识

行政行为实行力消灭是实行力状态中的重要内容，理性地认识行政行为实行力消灭应当注意两个问题：

（一）正确区分实行力终止、废止与撤销

实行力终止、废止与撤销三者共同点都是使行政行为失去实行力。但三者又有所区别：第一，主体方面的不同。终止不需要任何机关作出决定，废止权原则上只能由原行政行为的作出机关行使，行使撤销权的机关比较多，包括作出原行政行为的机关及其上级机关、监督机关、复议机关或人民法院。第二，产生原因的不同。终止是行政行为的任务已完成或其存在已无实际意义，其效力自然消灭。废止是情况发生变化，包括法律或事实状态的变化，必须停止行政行为的效力。撤销是因为行政行为本身存有瑕疵，并且该瑕疵不致无效或可得补救。第三，条件方面的不同。终止的条件是行政行为内容已实现、对象不复存在或所附终止条件的成就等。撤销是行政行为有瑕疵，该瑕疵不能补救或行政机关不愿补救，并且又未达到重大明显的程度。废止是行政行为本身合法，但法律或事实发生变化。同时撤销、废止行政行为应当注意信赖利益的保护问题。第四，效果方面的不同。终止的效果是向后的，不可以溯及既往。废止原则上是向后发生效力，在特殊情况下可以溯及既往。撤销

[18] 城仲模主编：《行政法之一般法律原则》（二），台湾三民书局1997年版，第253页。

原则上可以溯及既往，特别情况下，可以指定失效时间。

（二）切实保护相对人、第三人的合法权益和正当利益

行政行为实行力的消灭一定要注意是否损害到相对人的信赖利益以及第三人的合法权益。处理利益冲突往往是对法律价值或法律理念的冲突的权衡。德国法学家拉德布鲁赫认为，正义、合目的性与法的安定性是法律理念的三个组成部分。其中，正义和合目的性为一方，法的安定性为另一方，双方处于矛盾中。法律的第一大任务是满足人的秩序需求，即法的安定性，正义与合目的性则只是法律的第二大任务。法律规则的存在本身比它的正义性与合目的性更重要。[19] 因此，在消灭行政行为实行力时，一定要处理好法的安定性与正义性、依法行政与信赖保护等法律理念、价值的关系，在具体个案中权衡各方利益，注意保护相对人的信赖利益，同时兼顾第三人的合法权益。即使一方利益较大，需要优先保护，也并非意味着对另一方利益的抛弃，而是应当在利益取舍中遵循比例原则，并对其给予补偿。

在明确法定消灭事由的前提下，对具备法定消灭事由的行政行为实行力以自由撤销废止为原则（特别是侵益行政行为），以限制撤销废止为例外（授益行政行为、复效行政行为）。根据行政行为的具体内容对行政相对人是否有利为标准，行政行为可分为授益行政行为、侵益行政行为和复效行政行为。对这三种不同类型的行政行为，撤销主体行使撤销权的限度是不一样的。为了切实保障相对人、第三人的合法权益，着

〔19〕［德］G. 拉德布鲁赫：《法哲学》，王朴译，法律出版社2005年版，第73～75页。在《法律的不公正和超越法律的公正》一文中，拉德布鲁赫对正义与法的安定性的矛盾给出了他的答案，即著名的“拉德布鲁赫公式”：“实证的、由法令和国家权力保障的法律有优先地位，即使在内容上是不正义的或者不合目的性的，除非实证法与正义之间的矛盾达到了一个如此令人难以忍受的程度，作为‘不正当法’的法律则必须向正义让步。”参见［德］G. 拉德布鲁赫：《法律的不公正和超越法律的公正》，载G. 拉德布鲁赫：《法哲学》，王朴译，法律出版社2005年版，第232页。

重需要考虑以下的两种行政行为撤销权的行使：

第一，授益行政行为是指行政主体为行政相对人设定、确认权益或免除其义务的行政行为；授益性行政行为实行力的撤销受信赖保护的限制。无论授益性决定中包含了哪种违法情形，法院均不得不加限制地予以撤销。因为不加限制地撤销授益性行为，会导致受益人及公众对行政行为的不信任，造成行政法律关系的不稳定。德国《联邦行政程序法》第 48 条规定："违法行政处分系提供一次或持续金钱给付或可分物给付，或为其要件的行政行为，如受益人已信赖行政行为的存在，且其信赖依照公益衡量在撤销行政行为时需要保护，则不得撤销。受益人已使用所提供的给付，或其财产已作出处分，使其不能或仅在遭受不合理时方可解除其处分。"日本《行政不服审查法》和《行政案件诉讼法》也有类似的规定。"若不加限制地允许随意撤销，就会导致行政相对人及其他有关人员法律地位极不稳定，从而损害行政法律关系中的国民的信赖。因此对于授益性行政行为而言，即使有必要撤销，除了该必要性远远超过保护国民的既得利益的必要性的情形外，不应该承认随意撤销。"[20]

第二，复效行政行为是指行政主体的同一行政行为，既为行政相对人设定了权益又为第三人设定了义务，或者既为行政相对人设定了负担又为第三人设定了权益的行政行为。由于复效行政行为会产生授益和设负担的双重效果，撤销该决定也会产生授益和设负担的双重效果。在撤销复效行政行为时，无论是行政相对人还是有利害关系的第三人都可以主张信赖保护，即"信赖保护产生的限制应当适用，裁量权衡时不仅要考虑公共利益和受益人的利益，也要综合考虑承受负担的第三人的利

〔20〕 杨建顺：《日本行政法通论》，中国法制出版社 1998 年版，第 405 页。

益”。[21] 关于复效行政行为实行力撤销的限制，日本学者南博方认为，“行政行为的内容同时具有授益和侵益性质的情况下（复效行政行为），依照授益行政行为的撤销，也需对撤销权有所限制”。[22]

---

〔21〕［德］毛雷尔：《行政法学总论》，高家伟译，法律出版社2000年版，第308页。
〔22〕［日］南博方：《日本行政法》，杨建顺译，中国人民大学出版社1988年版，第47页。

第四章

行政行为实行力的具体呈现

抽象与具体是进行学术研究不可忽略的主题。对行政行为实行力基础理论认识是立足于抽象进行的研究，而对行政行为实行力在实践中的表现则是从具体的维度进行的阐释。抽象与具体的结合不仅有助于深化对于行政行为实行力的整体认识，使其拥有充分的周延性，而且有助于全面地理解和把握行政行为实行力的理论及其法治化的未来走向，使其符合法律运作的目标与要求。基于上述立场，本章对行政行为实行力中的即时实行力、自行履行力、强制执行力在行政实践中的对应物即时强制、行政契约、行政强制执行进行实证的分析，同时也对在实践中不具有实行力的无效行政行为进行了探讨。

第一节　即时实行力的实践考察：即时强制

一、即时强制的概念与内涵

在服务行政的背景下，公共行政目标的实现开始转向大量依靠诸多非强制性手段的实施，协商和讨论式的行政手段得到了广泛应用。尽管法律的出发点是限制国家权力的使用[1]，但在某些特定的情形下，行政主体为了维持社会秩序、保障社会安全、防止或及时制止危害状态的发生、进行，行政主体可以采取必要的强制紧急措施，以实现行政目的所需要的状态。即时强制是指行政主体在遇有阻止犯罪、阻止危险、避免危害等紧急情况下为实现行政目的直接做出行政决定并立即执行的活动。德国学者 Richard Thoma 最早使用“即时强制”（Sofortiger vollzug）这个概念，以示其有别于需要履行告诫程序的直接强制，它由“直接强制”发展而来，通过普鲁士高等行政法院对“直接强制”的扩张解释所确认[2]。

在行政行为实行力理论中，通常只有在行政主体通过告诫程序而相对人仍不履行义务时，为了实现义务的履行或与履行义务相同的状态，行政主体才能采取强制手段。但在某些特定情形下，行政主体是不需要通过告诫程序而直接采取强制手段的。例如，对于一个在街上拿棍子胡乱殴打他人醉酒者，公安机关可以依据《治安管理处罚法》第 15 条第 2 款的规定：“醉酒的人在醉酒状态中，对本人有危险或者对他人的人身、财产或者公共安全有威胁的，应当对其采取保护性措施约束至酒醒”，即对于醉酒达到一定程度的人是无须通过告诫程序的，而应当果断地采取强制措施约束醉酒的人。行政行为实行力中的即时实行力很好地回应现实的需要，具有即时实行力的行政行为基础决定与执行是合为一体的，如对醉酒者的强制决定与执行是同时进行的。换言之，即时实行力就是生效的行政行为所具有不需要行政相对人的事后履行就能够实现其内容的作用力。我国台湾地区学者李建良根据“行政执行法”（修正草案，1989 年已正式通过）的内容并参照德国立法例及学说与判例

---

〔1〕 Peter Morton, An Institutional Theory of Law, Clarendon Press Oxford, 1998, p. 358.
〔2〕 胡建淼主编:《行政强制》，法律出版社 2002 年版，第 258 页。

见解认为，即时强制权的发动原因与要件有三：（1）需为阻止犯罪、危害之发生或避免急迫危险；（2）须有即时处置之必要；（3）须予法定职权范围内[3]。

学者根据强制的标的不同，把行政即时强制分为对人身及人身自由的强制，对财产的强制，对住宅、事务所进行的强制三种。

1. 对人身及人身自由的强制。根据德国《联邦边境保护法》第20条、第22条的规定，为排除危险及滋扰以确保公共安全秩序，或为维护个人身体与生命免遭危害时，通常得实施管束措施；有自杀的危险，或处于完全丧失自由意思及无助状态下，亦符合管束条件。管束可分预防管束、保护管束及拘禁管束。

2. 对财产的强制。英国《紧急状态法》规定："内阁在紧急状态下，可以征用车辆、土地和建筑物。"日本《宪法》第29条规定："私有财产，在正当补偿下得收为公有。"我国台湾地区"行政执行法"对财产的扣留要件、扣留时间及扣留物归属均有比较详细的规定。

3. 对住宅、事务所进行的强制。在美国，公民的住所不受侵犯受到《宪法》的保护，该国《宪法》规定，公民的住所和财产，不受无理的搜查和扣押；进入公民的住宅如果没有得到同意，必须根据正当理由持法院颁发的搜查证。只有两种情况下，行政机关可以无搜查证而强迫进入住所搜查，即有紧急情况和实行合法的逮捕。在日本，如《风俗营业法》第36条和《消防法》第4条规定的进入房屋检查、《国税征收法》第142条规定的临时检查等对住宅、事务所即时强制进行了规定[4]。

---

〔3〕 朱新力：《论行政上的即时强制》，载《浙江学刊》2001年第5期。

〔4〕 姜明安主编：《行政法与行政诉讼法》，北京大学出版社、高等教育出版社1999年版，第241页。

二、即时实行力的正当性

即时实行力正当性首先是基于现实的需要，换言之，即时实行力的正当性是以出现紧急情况且无法期待相对人自动履行为现实条件的。服务行政不仅是消极维持社会秩序，更有为社会公共福利增进服务的色彩。当即时实行力发挥效用的条件已经成立，一味强调保护被强制者的人权也是一种失职的表现，是对公众和他人利益的忽视，所以日本曾有判例认为，警察官没有让举止不轨的人交出匕首，给予临时保管，也是违法行为[5]。又如，我国《消防法》第45条规定："公安机关消防机构统一组织和指挥火灾现场扑救，应当优先保障遇险人员的生命安全。火灾现场总指挥根据扑救火灾的需要，有权决定下列事项：（一）使用各种水源；（二）截断电力、可燃气体和可燃液体的输送，限制用火用电；（三）划定警戒区，实行局部交通管制；（四）利用邻近建筑物和有关设施；（五）为了抢救人员和重要物资，防止火势蔓延，拆除或者破损毗邻火灾现场的建筑物、构筑物或者设施等；（六）调动供水、供电、供气、通信、医疗救护、交通运输、环境保护等有关单位协助灭火救援……"消防机关在采取这些措施时无须预先对义务人告知，可以径行采取措施。在通常情况下，相对人不负有这些义务，但在面对火灾这种紧急情况时，为了公共利益或多数人的利益，国家以主权者、统治者的姿态强力地赋予相对人及其财产以"义务"，或让相对人承担消极的"忍受"义务。

其次，即时实行力的正当性还基于公共利益和私人利益之间的利益考量。以利益视角观察，即时强制对基本权利的限制实际上关涉两种利益。其一是公共利益，这种公共利益被视为一种体系功能的维持；其二是私人利益，也就是行政相对人权利的实质所向。对于行政相对人权利

---

〔5〕 朱新力：《论日本行政上的即时强制》，载《公法研究》2002年第1期。

的限制不是不可为，关键是要在行政相对人权利保护与体系功能的维持的两个利益之间求得一个最佳的平衡点，将两者安置在恰当合适的位置上。也就是说，内含即时实行力的即时强制代表了公共利益，行政相对人权利维护着私人利益，“当公益的追求与个人基本权的保护呈现出对立的情况时，为了公益的追求，于事理上承认人民的自由权利应受限制”。〔6〕基于行政相对人权利有时也会“利益熏心”地膨胀并且存在权利滥用的可能，会严重地危害公共利益。因此，在一定情势下的即时强制实乃维护公共利益为社会所必需，即时实行力的存在对于公共利益的维护是不可或缺的。

行政即时强制存在的必要性在于行政活动的纷繁复杂性以及维护行政秩序、达到行政目的，而内含于即时强制中的即时实行力，其正当性很大程度也在于对行政秩序的维护及其秩序价值的彰显。在现代社会，从语义分析角度看，“秩”有常规、次第之义，“序”指次序、按次第排列。“秩”侧重于条理，“序”侧重于顺序。秩序通常指称两种情况：“一是指人或事物处于恰当的位置，整齐、合理、有规则，表现为关系的稳定性，结构的一致性；二是在抽象意义上指规范或确定事物位置的规则按一定的方式结合，形成一个体系。”〔7〕人类生存的经验表明，秩序的要求总是离不开强制力的供给与支持，尽管强制力常常处于潜伏状态，并以威胁的面目警醒世人。即时强制试图通过强制力为人们提供一种国家安排，建立一种有秩序的生活方式。我们并不能片面地认为即时强制就等于纯粹的暴力，而忽略即时实行力所依赖的社会基础，进而在法律与民主价值取向之间造成某些不甚协调

---

〔6〕陈恩仪：《论行政法之公益原则》，载城仲模：《行政法之一般法律原则》（二），三民书局1999年版，第176页。

〔7〕李宪明：《法律秩序论》，载张文显、李步云主编：《法理学论丛》（第3卷），法律出版社2002年版，第299页。

的因素或障碍，应该强调即时强制是以由法律规定的，并按法定的程序实施的，即时强制的实施是在关注广大民众愿望意志的基础上进行的。如我国《铁路法》第 53 条规定：对聚众拦截列车或聚众冲击铁路调度机构，不听制止的，公安机关现场人员有权命令解散；拒不解散的，公安机关现场负责人员有权依照国家有关规定，决定采取必要手段，强制驱散并对拒不服从的人员强制带离现场或予以扣留。在此聚众拦截列车或聚众冲击铁路调度机构，且不听制止的妨碍铁路正常管理秩序的行为，公安机关可以采取即时强制来维护行政秩序。秩序一直就是即时实行力一个非常清楚的目的指向，即时强制也一直以其巨大的能动力量，在秩序的形成和维护之中阐述着行政权的基本立场。

作为一项整体制度，即时强制既包括基础决定的作出（即对相对人权利义务的规定），也包括直接以实行力实现基础决定内容的事实行为。由于即时强制是行政主体行使实际力量对相对人人身、财产等进行强制，所以从行政侵害保留的原则角度看，当然需要法律根据。从人权保障的观点看，即时强制不仅需要明确的授权，更有必要贯彻比例原则和程序公正化〔8〕。最后必须提及的是，即时强制是一种法定权力性行政活动，所以行政相对人不能运用正当防卫或紧急避险法理拒绝接受。当即时强制是严重且明显违法的行政活动时，从人权保障出发，行政相对人应享有相当的合理抵抗权，这也是行政行为即时实行力的基本价值与理念。

---

〔8〕 朱新力：《论行政上的即时强制》，载《浙江学刊》2001 年第 5 期。

第二节　自行履行力的实证分析：行政契约

一、行政契约的概念及其内涵

随着科技进步导致的社会经济的迅猛发展，政府的事务范围大大拓宽，社会要求国家扮演更加积极的角色。以命令和服从为特征的传统行政显然无法适应时代潮流的发展，单一的行政权力手段已远远不能适应行政职能转变和多样性行政的要求。伴随着福利国家的兴起，权力行政向服务行政的变迁，行政方式呈现日益民主化的趋势，各种非强制性行政方式兴起，使得行政行为的方式呈现出多样化的趋势，契约手段、指导手段以及其他非正式手段就成了与多元化行政相适应的手段而进入行政领域。此时，契约由私法范围跨入公法领域，行政法以一种更加趋于体现私法的精神或本质展现出来，行政契约正是在这种背景下产生的。

行政契约是指行政机关之间或行政机关与个人、组织之间为实现公共行政的目标，而依法签订的协议。行政契约是服务行政中重要的行政手段，是权力因素和契约精神的结合，它将公法领域的行政权与私法领域的契约完美结合，因而，行政契约始终表现为“行政性”与“契约性”的双重属性。

（一）行政契约的行政性

行政契约的行政性主要体现在主体、内容、目的上。首先，从行政契约的主体看，行政契约的双方当事人中，必有一方是行政机关。行政契约是行政主体为了实现行政管理目标而签订的，因此，当事人中必有一方是行政主体。没有行政主体的参加，不能称为行政契约。其次，从行政契约的内容来看，行政契约是确认行政法上的权利义务，行政主体对于行政契约的履行享有行政优益权。优益权表现为：对行政契约履行的监督和指挥权；单方面变更或解除契约权；对不履行或不适当履行契约义务的一方当事人的制裁权。最后，从行政契约的目的看，行政机关签订行政契约的目的完全在于实现公共行政和公共利益的目标。诚如张树义教授所言“行政契约是这样一种管理方式，即它是建立在尊重对方当事人意愿的基础之上，经过与其协商达成一致的一种协议。这种方式既不像传统的行政命令方式那样僵硬、强制，容易窒息公民、法人或者其他组织的积极性；又不像民事行为那样自由随便，难以贯彻国家意志。因此，它与行政命令相比，更能为被管理者所接受，更有利于公务的推行；它与民事行为相比，吸收了其灵活性而舍弃随意性，能将公共目的、公共利益在与被管理者和谐融洽的气氛中实现”。[9]

（二）行政契约的契约性

“契约”一词是由拉丁语 contractus 发展而来的，基本意思是指交易。契约缘起古希腊，但到了古罗马时期，契约精神才被保存在完备的法律体系中。启蒙时代，契约及其所蕴含的平等、自由等理念已经跨越了私法的边界而渗透到了公法领域，并产生了社会契约论思想。法律本身就被认为是一种“大化”的契约，一种由于人的有限理性和交易成本而致的不完全契约，一种经人民同意而在人民与政府间所达成的契约，政府和一切公民个人、企业都须受其拘束。同时，为了执行这种抽象的、一般性的契约，政府可以通过具体的契约方式而使之具体化、特定化，从而实现行政职能。[10] 行政契约的契约性主要体现为两方面：其一，契约的成立需双方当事人意思表示一致，行政契约是双方行政法律行为，双方达成一致是其成立的必要条件。但双方意思表示一致并不意味着双方追求的目标相同，行政主体是为了公共事务管理的实现而相

〔9〕 张树义：《行政合同》，中国政法大学出版社 1994 年版，第 11 页。
〔10〕 杨解君：《契约理念引入行政法的背景分析》，载《法制与社会发展》2003 年第 3 期。

对人所追求的主要是自身利益的最大化。其二，行政契约签订后双方均受行政契约的约束。行政契约用契约的形式规定了双方权利义务关系。行政主体也必须遵守契约的约定履行契约义务，否则会构成违约，须承担相应的责任。

在行政契约中的行政性与契约性并不是互相排斥的，行政权力与契约精神的互动适应，二者的互动关系构成了行政契约二元化的本质，二者关系表现为一种动态的互相影响、互相适应的动作模式。互相影响，即行政权力在行政契约中居于主导地位。通过对相对人一方施加不平等地位的特权左右着契约精神的发挥；契约精神又不仅仅是被动的，它以相对一方自由表达意志对行政公权力予以同意或认可，从而影响到行政权力的权威。互相适应，即行政权力与契约精神二者在互相影响的过程中不是消极的影响与被影响的关系，而是一种能动的积极的适应过程。行政权力对契约精神的适应就表现为行政主体在行政契约中的行政活动带有弹性或妥协性以及相对人在行政契约中的自由选择性。契约精神对行政权力的适应则表现为契约作用的发挥以不损害行政主体的特权或优益权为限，而且必须适合公共事务的执行以增进公共利益，而不是追求相反的一面，即私人利益的最大化。〔11〕

德国法学家耶林曾说过："伴随历史发展的进程，国家会通过自己制定的法律不断地限制自己的政治权力和武装力量，不断限制自己的暴力属性。"〔12〕行政契约作为游离于公法行为（权力性行为）与普通契约之间的一种特殊形态，是公法与私法相互融合的产物。行政契约是权力因素与契约精神相结合的产物，它的出现不仅意味着行政契约是政府用来加强经济干预的手段，而且还意味着契约精神逐渐被引入公共行政领域。

---

〔11〕参见杨勇萍、李继征：《从命令行政到契约行政》，载《行政法学研究》2001 年第 1 期。

〔12〕吕世伦主编：《现代西方法学流派》，中国大百科全书出版社 2000 年版，第 296 页。

二、自行履行力的前提：权利和义务

随着服务行政的确立，行政相对人的法律地位得到了进一步的提升，行政相对人法律地位的提升主要表现在双方的权利义务关系上，而权利的行使和义务的履行也是行政行为即时实行力发挥效用的表现。

（一）行政相对人在行政契约中的权利与义务

权利和义务应当同等地被看待，权利必然是对于他人负有法律义务的行为而享有的权利。行政相对人在享有权利的同时，必然要履行一定的义务，同时，在要求行政相对人履行义务时，必然赋予其一定的权利。行政相对人在行政契约中的权利主要包括：受平等对待的权利，也就是行政相对人在同等条件下应当受到行政主体的平等对待，它要求行政机关在签订行政契约时，对同等条件的行政相对人应当平等地配置权利义务，不能设置差别性的原则或标准；行政受益权，是指行政相对人可以依法从其与行政主体签订的行政契约中获得利益的权利，包括取得报酬的权利、行政主体无过错时的补偿权等；行政保护权，是指行政相对人有权获得行政法的保护，其合法权利免受侵害的权利，如行政主体违反行政契约约定时，行政相对人享有的诉权。

权利和义务总是相辅相成、互相依存的，相对人在享受权利的同时，也必须履行行政法上的义务。行政相对人在行政契约中的义务主要包括四个方面，其一是遵守法定及约定的义务。行政相对人在行政契约法律关系中的权利义务大多是法定的，必须根据法律法规的规定行使权利及承担义务，法律法规已经设定了具体的责任制裁措施，其违法行使权利或者违反法定义务，将会受到法律的制裁。同时，相对人还应该遵守其与行政主体协商确定自己在行政法律关系中的义务。其二是服从行政管理和协助的义务，行政契约是基于一定的公共目的而订立的，为了实现该目的行政相对人负有服从和积极配合的义务。其三是对于符合法定事由的契约变更、解除或终止请求，应予以同意并配合。其四是如果违约或违法的，应接受行政机关依法实施的制裁权。

（二）行政主体在行政契约中的权利与义务

行政主体除了享有民事契约当事人的权利外，作为公共利益的代表者，行政主体在维护、增进公共利益的过程中，享有在民事合同中当事人所不具备的种种优益权，主要包括有：第一，行政主体有权单方面选择行政相对人而与之签订行政契约，即选择权。行政主体在订立行政契约时可以根据实际情况和要求选择适当的契约相对方，如采用招标方式缔结契约时，行政主体对自动中标者不满意时，可以不批准这次招标而举行第二次招标。行政主体利用邀请发价缔结契约时享有在参加投标的企业中选择契约相对人的自由，利用直接磋商方式时自由权更大，被选择的相对方应予配合。第二，在契约履行过程中享有指挥权和监督权。行政契约履行的目的是实现行政目标，实现公共利益，行政主体是公共利益的代表者和执行者，对契约的履行是否符合公共利益、如何履行才能实现行政目标具有决定权。故行政主体对契约的履行应当享有指挥权和监督权，拥有要求相对人亲自履行契约义务的权利。第三，根据公共利益的需要，在情势变更时可单方面变更或解除契约。变更是指改变契约的内容，即对契约双方的权利义务进行调整。对于民事契约，成立需双方当事人意思表示一致，变更同样要经过双方协商，任何一方无权单方面改变契约的内容。但在行政契约中，行政主体有权基于公共利益的需要对契约的内容加以改变。由于社会情况的变化，行政管理过程的发展，尚未履行或正在履行的行政契约没有必要或不可能再履行时，行政主体可单方面解除契约。第四，享有对相对方的制裁权和强制执行权。在相对人违反契约时，行政主体基于职权和公共利益的要求，有权使用特定的行政制裁和强制手段。

在行政契约法律关系中，权利与义务总是相互依存、相互贯通的；

相互依存表现为，权利或义务都不可能孤立存在和发展，它们的存在和发展都必须以另一方的存在和发展为条件。相互贯通表现为权利和义务的相互渗透、相互包含以及一定条件下的相互转化。行政主体在行政契约中的义务主要是依法缔结契约并履行契约的义务；按照契约的约定给予另一方当事人以优惠或者照顾的义务；行政主体的违约行为造成相对人经济损失的话，行政机关负有赔偿损失的义务；而行政主体的合法行政行为给相对人的合法权益造成损失，行政主体对相对人所受的损失予以补救的义务；按照行政契约的约定支付价金的义务，等等。

三、自行履行力在行政契约中的效用

行政契约是为实现行政目的而设定的，其实质是在行政法领域中形成的发生行政法律效力的双方合意。行政契约主要的特征就是行政主体可以与行政相对方签订契约，约定双方的权利义务。因而，无论是行政主体还是行政相对人，在契约中都有需要履行的义务，自行履行力的存在对契约义务的履行发挥着一定的效用。但作为自行履行阶段的作用力，自行履行力更多的是以和谐语境中的主动履行为考量，并不能保证行政契约义务的完全履行，因而契约义务的履行就会呈现多样性。

（一）完全履行

行政契约所预期的特定行政目的能否顺利实现，主要取决于行政机关和行政相对人的自行履行。在完全履行的情境中，自行履行力得以完满的运行，行政契约内容是完全符合法定或约定的效果予以实现。完全履行通常可以理解为行政契约双方按质保量地完成行政契约的义务，行政契约的目的是实现公共利益，这就必然要求按照合同规定的质量和期限履行合同的义务，否则，无法保证公共利益的实现。

行政契约一旦生效，对行政契约法律关系主体双方都有约束性，行政主体和行政相对人都应按照约定来履行自己的义务，并且必须全面、正确、及时地履行契约。行政契约的完全履行，具体表现在：（1）实际履行。行政契约所确定的内容必须获得实现，否则行政职能的实现就会受到影响。实际履行要求缔约双方当事人按照契约的约定履行，而不能任意变更或者使用其他方法（如违约金或赔偿损失）取代契约的履行。只要公共利益需要，而当事人又有能力履行和没有法定理由免除的，就必须实际地履行。（2）自己履行。行政契约缔结后，原则上应由当事人自己履行，不能有他人代替履行或分包。只要没有取得行政主体的同意，当事人就不得自行更换，也不得委托给其他人代为履行。如行政主体依法选定了相对人，相对人在有能力履行合同义务的前提下，必须亲自履行合同义务，不能像民事合同那样转让给别人代为履行。（3）全面、适当、及时履行。行政契约应获得全面、适当、及时的履行，在任何条款上都不得违反契约的规定，不能只履行其中的一部分条款，对其他部分条款置之不理，也不能对契约的标的、履行时间、地点方式等进行任意变更[13]。

行政契约依法生效后，自行履行力就得以产生，行政主体和行政相对人都应遵循约定完全履行，如果无故不主动履行义务就应承担相应的责任。

（二）履行不能

行政行为主体之间订立契约，自然是希望对方当事人能够完全履行义务，从而实现公共行政的目的。但是，社会生活纷繁复杂，当然也会发生一些特殊情况，不能完成履行义务的情况，于是产生了履行不能问题。民法学者对履行不能有诸多研究，如崔建远教授认为，履行不能是指债务人在客观上已经没有履行能力或者法律禁止债务的履行[14]。在

〔13〕 参见杨解君：《行政法学》，中国方正出版社 2002 年版，第 363 页。
〔14〕 崔建远主编：《合同法》（修订本），法律出版社 2000 年版，第 237 页。

英美法系中，其履行不能的含义却与大陆法系的履行不能含义有所不同，在英美法系中，履行不能是指“合同订立之后情况发生重大变更履行已经不可能，当事人又不可能合理预见到这种变更的情形”[15]。在行政契约中同样存在履行不能的情形，基于维护公共利益所必需，当合同履行已经完全失去可能或维护的公共利益大于解约所损害的私人利益时，行政契约就出现了事实上的履行不能或价值上的履行不能，诚如行政法学家南博方所言“若契约的延续将严重危害公共福利时，则应给行政主体以单方解除权”。[16] 必须强调的是，行政契约价值上的履行不能有别于民事合同中的效率违约，效率违约是指如果（一方当事人）从违约中获得的利益将超出他向另一方做出履行的期待利益，如果损害赔偿被限制在对期待利益的赔偿方面，则将形成对违约的一种刺激，当事人应当违约[17]。前者源于行政契约服务于公共利益的目的是履行不能，而后者是能够履行的违约行为。

行政契约是基于行政管理事务和职责的需要而签订，事实上的履行不能与民事合同的理论并无差异。而价值上的履行不能是行政契约所独有的，其履行不能的理由几乎都与公共利益有关。如1921年高等法院王座分院安菲特莱特（Amphitrite）案件审判的英国法官罗拉特（Rowlatt）基于国家公共利益，他在判决中写道：“政府无权束缚它未来的行政活动。这些活动只能在问题发生时根据社会的需要来决定。契约不能妨碍政府在涉及国家公共利益事项上的行动自由。”[18] 在行政契约履行不能的情况下，自行履行力由于权利义务的消失而不发挥其效用。

---

〔15〕 苏号鹏主编：《美国商法——制度、判例与问题》，中国法制出版社2000年版，第141页。

〔16〕［日］南博方：《日本行政法》，杨建顺、周作彩译，中国人民大学出版社1988年版，第66页。

〔17〕［美］波斯纳：《法律的经济分析》（上），蒋兆康等译，中国大百科全书出版社1997年版，第165页。

〔18〕 参见王名扬：《英国行政法》，中国政法大学出版社1987年版，第238页。

（三）不完全履行与迟延履行、拒绝履行

自行履行力尽管希冀行政契约义务人能完全履行契约义务，但是在契约义务履行过程中，会出现多种义务履行存在缺陷或瑕疵的情形，主要有三种：不完全履行，又称为“履行契约义务不符合约定”，是指义务人虽然履行了债务，但其履行不符合契约的目的或要求，换言之，不完全履行则着眼于所作出的履行的不完全性方面。迟延履行，是指契约当事人的履行违反了履行期限的规定的违法现象。迟延履行在广义上包括义务人的履行迟延和权利人的受领迟延，狭义上仅指义务人的履行迟延。拒绝履行是指是指义务人能够履行而拒不履行义务。对于以上三种存在缺陷或瑕疵的履行，自行履行力在一定程度上起到促进契约义务履行的作用，但是缘于标准等不同，三种存在缺陷或瑕疵的履行尚需具司法机关进行最终判定。当义务人认为已经完全履行契约义务而经过判定却属于缺陷或瑕疵的履行，自行履行力仍可能继续发挥其效用。

对于义务人是行政相对人的缺陷或瑕疵履行，行政主体基于其优益权可以行使制裁权和强制执行权，以保证自行履行力效用的发挥。如我国《招标投标法》第 59 条规定：“招标人与中标人不按照招标文件和中标人的投标文件订立合同的，或者招标人、中标人订立背离合同实质性内容协议的，责令改正；可以处中标项目金额 5‰以上 10‰下的罚款。”这是制裁权在招标投标中的体现，而强制执行权也是各国行政契约中为行政主体享有的一项重要权利。在法国不需要约定而是行政主体当然享有的普适的权利。必须强调的是对不履行合同义务的相对人的直接强制执行，应当符合下列条件：维护公共利益所必需；相对方能履行而没有履行；执行前已通知相对人限期履行并给最后补救机会；强制执行是维护公共利益最经济的手段；对相对方的侵害和公益维护合乎比例。

对于义务人是行政主体的缺陷或瑕疵履行，由于行政契约会给行政相对人带来利益，作为公共行政中的服务者，应该尽可能地通过实际履行来保障自行履行力效用的发挥，行政主体的实际履行不仅是对行政相对人权利的保障，也有利于公共利益目的的实现。从行政相对人权利保障的角度来看，行政契约中的行政相对人通过行政契约的缔约和履约的过程具有自己独立的利益追求、合理的利益预期，依法享有行政法和合同法上的相关权利，应当对行政相对人的合理的、合法的权利给予保障，防止行政机关通过滥用单方面解除和变更合同的权利等方式不履行契约中的义务，使得行政契约中的自行履行力流于形式，最终侵害行政相对人的合理的和合法的利益。博登海默也认为，“法律的进一步作用之一乃是约束和限制权力，而不论这种权力是私人权力还是政府权力。在法律统治的地方，权力的自由行使受到了规则的阻碍，这些规则迫使掌权者按一定的行为方式行事。”〔19〕 申言之，行政主体在情势变更情况下单方变更合同，应当具备以下条件：确属情势变更的情况，维护公共利益所必需；在维护公共利益的必需原则限度内，不得变更与公共利益无关的条款；以对相对方的补偿为前提；对合同的整体变更不应超过必要限度。

总之，尽管契约从形式上看是合同双方意思表示一致的产物，契约的义务也是双方约定的结果，但行政契约的最高原则不是意思自治而是法治原则。具体而言，行政契约的成立，是以行政主体法定职责为根据和内容，行政契约的订立过程也是就行政主体以职责范围的内容向行政相对方发出要约，而相对方据此决定是否作出承诺。因此，无论是自行履行力在行政契约中效用，还是行政契约的行政性本质，行政行为的实行力理论在行政契约中都具有其存在的理论价值与现实意义。

---

〔19〕［美］E. 博登海默：《法理学——法律哲学与法律方法》，邓正来译，中国政法大学出版社1999 年版，第 358 页。

第三节 强制执行力的典型表现：行政强制执行

一、行政强制执行的概念与性质

法律由国家强制力保证实施是“从终极意义上讲的，即从国家强制力是法律的最后一道防线的意义上讲的，而并非意味着法律的整个实施过程、每一个法律规范的实施都要借助国家的系统的暴力，也不等于国家强制力是保证法律实施的唯一力量。在法律实施的过程中，国家强制力常常是备而不用的，无所在无所不在”。[20] 具体在行政行为实行力理论中，通常如果在自行履行力的作用下，义务主体仍未按照行政行为确定的权利义务关系履行自己的义务，一旦越过行政行为设定或法定的义务履行期限，强制实行力即开始发生作用。申言之，在自行履行阶段过后，经权利人的催告，义务人仍不履行相应的义务，就进入了强制执行阶段，行政主体可以予以强制执行。如在法国，行政机关采取强制执行措施以前，除紧急情况以外，必须事先催告当事人履行义务。在当事人表示反抗或明显的恶意不履行时，才能采取强制执行措施。[21] 而这种以行政相对人作为义务主体的行政行为中，行政行为强制执行力就呈现为行政强制执行[22]。

---

〔20〕 张文显：《法学基本范畴研究》，中国政法大学出版社 1993 年版，第 49 页。

〔21〕 王名扬：《法国行政法》，中国政法大学出版社 1988 年版，第 177 页。

〔22〕 在服务行政的确立过程中，为了契合服务的理念，行政主体将逐渐承担越来越多的义务。但在服务行政确立的初期，行政强制执行仍然是强制执行力的最典型表现。本书回应当下的现实，在本节着重论述行政强制执行，而针对行政主体义务的强制执行力则放在最后一章予以论述。

（一）行政强制执行的概念界定

行政强制执行是指公民、法人或其他组织不履行行政机关依法所作行政处理决定中规定的义务，有关国家机关依法强制其履行义务或达到与履行义务相同状态的行为。其主要具有如下特点：

1. 公民、法人或其他组织不履行行政行为所确立的义务是行政强制执行的前提，即行政决定作出后，通常有一定自行履行义务的期限，只有当自行履行阶段义务人没有主动履行义务，行政主体才有行政强制执行的必要，才能对行政相对人进行强制执行。若行政主体作出行政决定之后行政相对人自动履行了行政决定，就没有必要强制执行。这里的不履行只指义务人有能力履行而不履行，如果公民、法人或其他组织履行了义务，或不履行义务是由于受到某种条件的限制，并非故意不履行，在这种情形下，就不能对其实施行政强制执行。此外，行政机关采取直接强制措施前，必须启动行政强制督促催告程序，如德国《行政执行法》第 13 条规定，行政机关“首先必须以一定方式对强制方式予以警告，之后才允许确定和实施”，这就要求强制执行须预先告知当事人而不得突然袭击。

2. 行政强制执行目的在于强迫公民、法人或其他组织履行行政义务。因此强制执行应以行政义务为限，不能超过行政相对人所承担的行政义务范围。行政相对人义务源自两个方面，其一是法律法规直接要求公民、法人或其他组织履行的行政法义务，相对人未履行，由有关行政机关在行政决定中予以确认并命令其履行的义务；其二是行政机关依据其法定职权对公民、法人或其他组织设定的义务。

3. 行政强制执行的主体包括行政机关与司法机关，对此普通法系与大陆法系国家有不同认识，普通法系国家从来把行政强制执行权看成司法权的一部分，行政机关当然无权实施行政强制执行。但大陆法系中很多国家则历来将行政强制执行权看作行政权的一部分，无须法律特别规定。[23]

4. 行政强制执行的对象是公民、法人或其他组织。行政强制执行以公民、法人或其他组织不履行具体行政行为确定的义务为前提，那么行政强制执行就只能以不履行义务的公民、法人或其他组织为对象。在执行过程中，执行的对象应该是特定的，即执行的对象必须具有法律规定的承担法律责任的能力和资格，对于无行为能力的人不能适用强制执行，因为对他来说，自行履行力无法对其发挥效用，也不存在是否愿意履行义务的问题。

5. 行政强制执行由国家强制力作为保障。在强制执行过程中，可以依法采取各种强制手段，依据依法行政的基本原则，所采取的手段必须在法律法规的授权范围内进行，一切要依法行使，执行机关必须严格依照行政决定履行其职责，而不能任意处分。一旦在强制执行过程中，确定行政决定的事实依据或者法律依据发生了变化，确实需要变更相对人的行政义务的，行政机关需要依据法律的规定，按照法定的程序重新作出行政决定。

（二）行政强制执行的手段

行政强制执行的目的是保护公共利益，实现行政目的，因此迫使行政相对人履行义务或达到与履行义务相同的状态都是行政强制执行追求的目标。具体来说，行政强制执行通常被分为间接强制执行和直接强制执行两类。

第一，间接强制执行。是指行政机关通过某种间接强制手段迫使相对人履行义务或达到与履行义务相同的状态。它包括代执行和执行罚两种方式。代执行是指义务人不履行法定义务，并且该义务由他人代为履行能同样达到目的时，行政机关可以让他人代为执行，由法定义务人支

〔23〕 应松年：《论行政强制执行》，载《中国法学》1998年第3期。

付履行费用的一种强制执行方式。如法定义务人不履行拆除违章建筑的义务，执行机关可以请人代为拆除，由义务人负担拆除费用。执行罚，是指法定义务人不履行义务，而该义务又不能由他人代为履行，执行机关依法对义务人课予新的金钱给付义务，从而促使义务人履行义务的一种强制执行方式。比如，根据《行政处罚法》的规定，对逾期不交纳罚款的，每日按罚款数额的3%加处罚款。

第二，直接强制执行。是指法定义务人逾期不履行义务，执行机关依法对其实施直接强制，迫使其履行义务或达到与履行义务相同状态的一种执行方式。直接强制执行包括对法定义务人财产的强制执行，如强行划拨、强制抵缴等；对人身的强制执行，如强制传唤等；对行为的强制执行，如强行拆除、强行清障等。由于直接强制执行更容易产生对公民合法权益的冲击或损害，因此采取直接强制执行应当慎重，对实施条件应严格限定。一般认为，只有在无法采取间接强制方法时，或者虽然可以采取间接强制执行，但难以达到执行的目的时，才能采取直接强制执行。而且，对直接强制执行的程度应有一定限制，以能达到履行义务的状态为限，不能扩大义务范围。

一般来说，间接强制执行要优先于直接强制执行，即对于行政相对人不履行行政法义务的，行政主体应当首先考虑采取间接强制执行。只有当间接强制执行不能达到目的时，才能适用直接强制〔24〕。在采取一定的强制执行手段时，应遵循最小侵害原则，即凡是有其他可供选择的行政强制手段时，应先用最轻的行政强制执行措施，而不能为了目的不择手段，可以确立间接执行优于直接执行原则。实施行政强制执行措施应以必要为限〔25〕。

---

〔24〕 杨海坤、章志远：《行政法学基本论》，中国政法大学出版社2004年版，第202～203页。

〔25〕 马怀德：《我国行政强制执行制度及立法构想》，载《国家行政学院学报》2002年第2期。

必须强调的是，在强制执行阶段，强制执行力并不必然表现为强制力的行使，即强制执行力发挥效用并非完全依凭强制力。有时也可通过非强制性的形式确保强制执行力发挥效用，“行政机构发动执行正日益被这样一种趋势所取代，即在没有司法官员干预的情况下，由行政机构和当事人谈判，协商解决条款和条件，以保证行政规则和行政决定的执行”[26]。就强制执行阶段的全过程来看，具体表现为执行机构采用非正式程序，通过与相对人谈判，协商解决条件和条款，以保证行政决定的顺利实现，或执行机构采用非正式程序，通过违法通知，限期改正通知等非强制方法与当事人和解，以纠正违法，保障行政执行目的的实现。

（三）行政强制执行的正当程序要求

正当法律程序要求“以政府的微小代价和负担来保护无数个体的公民免受专制的政府决定影响”。[27] 行政强制执行的运行是由程序构筑的，正是程序决定了法治与恣意的人治之间的基本区别。良好的程序“在很大程度上是一种角色规范，是消除角色紧张（role strain），保证分工执行顺利实现的条件设定”。[28] 它的存在对于行政强制执行而言具有保障功能，它具有通过自身而不是通过结果所体现出来的当事人对程序的参与、程序理性、对人的尊严的尊重等诸多独立的价值。这种程序正义无疑有助于提高对行政强制执行的规范程度和约束力，有助于实现对多元价值的关注、尊重和保护，避免独裁专制与暴虐压迫。因此，对于作为政府权力行使方式的行政强制执行，必然离不开正当程序，因为“程序不是次要的事情，随着政府权力持续不断地急剧增长，只有依靠

〔26〕 白维贤（Willam C Banks）、金立法（Richard Gold smith）、薛刚凌：《中美行政执行制度比较》，载《行政法学研究》2001 年第 1 期。

〔27〕 Kenneth Culp Davis, Richard J Pierce, JR Little, Brown & Company (Canada) Limited, Administrative Law Treatise, Third Edition Volume II P 20.

〔28〕 季卫东：《法治秩序的建构》，中国政法大学出版社 1999 年版，第 17 页。

程序公正，权力才可能变得让人能容忍”。[29]

二、强制执行力与即时实行力

诚然，我们强调现代行政法治中非强制性行政方式的重要性，并非意味着强制性行政变得无足轻重，由于行政相对方在客观上具有滥用权利和自由的可能，行政主体仍要依法保留必要的强制性行政以维护行政法律秩序[30]。作为行政行为实行力中具有强制性色彩的两种力，学界有时基于强制性的特点而不加分析地将其统一归位于强制执行力，但即时实行力与强制执行力不仅在其本身特征上存在很大差异，如即时实行力是独立产生的，行政强制执行力却是以自行履行力为前提的，又如即时实行力是必然发挥效用的，强制执行力却处于待定状态（当行政相对人自行履行，那么就不需要强制执行力发挥效用）；而且两种力的具体呈现形态上也存在不同，前者为即时强制，后者为行政强制执行，所以不能将两者混为一谈。

通过对行政强制执行与即时强制的比较，可以对即时实行力与强制执行力的差异有更直接的理性认识。

1. 实施的条件不同。行政强制执行以行政机关作出具体行政行为，对义务人预先科以义务为前提条件；如公安机关对相对人予以拘留或罚款处罚，相对人不予履行时，公安机关对其强制拘留或强制扣缴则属于行政强制执行，这些都是有具体义务在先的。而行政即时强制则是有关国家行政机关直接依法律、法规所赋予的职权，为了预防或制止正在发生或可能发生的违法行为、危险状态以及不利后果而采取的强制方法，并不以义务的预先存在为前提条件。在即时强制中，义务的确定与义务

---

〔29〕 转引自章剑生：《现代行政程序的成因和功能分析》，载《中国行政法学精萃》（2002 年卷），机械工业出版社 2002 年版，第 189 页。

〔30〕 罗豪才：《现代行政法制的发展趋势》，载《国家行政学院学报》2001 年第 5 期。

的执行是在同时进行。如公安机关对企图自杀者的管束属行政即时强制，但其事先并未科以相对方具体义务。

2. 起因不同。引起行政强制执行的原因是义务人作为或不作为的行为，并以相对人不履行义务为前提，而引起行政即时强制的原因，既可以是行为，也可以是某种状态或事件，且行政机关不必以相对人不履行义务为前提，便可对相对人的人身、自由和财产予以强制的活动。此外，在即时强制中相对人更多的是一种隐性的义务，这种义务是出于服从公共利益的紧迫需要而负有的，是对行政主体即时采取强制行为的一种容忍义务。如行政机关在火灾时为控制火势蔓延而紧急拆除处于下风头的房屋的行为，相对人更多的是负有一种容忍的义务。

3. 行为性质不同。行政强制执行是程序性活动，是在具体行政行为确定的义务未得到实现的情况下实施的行为，而行政即时强制是独立存在的实体性具体行政行为。

4. 实施的主体不同。行政强制执行的主体既可以是行政机关，也可以是司法机关；而行政即时强制主体是单一的，只能是行政机关。

5. 程序上的不同。行政强制执行由决定、催告程序、强制执行三阶段构成。即时强制由于具有即时性，具体包括处理时间紧迫性或事件性质紧急性的原因，是一种直接做出基础决定并立即强制执行的活动。

综上所述，作为区别行政强制执行与行政即时强制的标准既不是相对人是否负有相关行政法上的义务，也不是是否存在为相对人设定义务的基础决定。这一区别标准应该是，是否具有即时性，即是否由于处理时间紧迫性或事件性质紧急性的原因导致行政主体无暇期待相对人自动履行义务，从而也不存在敦促相对人自动履行义务的催告程序。作为在法治实践中的具体呈现，行政强制执行与行政即时强制的区别在一定程度上印证了强制执行力与即时实行力的差异性。

三、强制执行力的行政性

如上所述，强制执行力可以通过行政机关或司法机关采取强制措施而发挥效用，这表现为行政机关的强制执行和非诉行政执行〔31〕，这两种执行合称为行政强制执行。因此，对于具体的行政强制执行性质的准确界定无疑有助于对抽象的强制执行力性质的厘定，而且这样的切入分析更加的清晰和易于厘定。

行政强制执行是以执行主体二元化为特点，即人民法院和拥有强制执行权的行政机关都具有执行主体资格。执行主体二元化使得如何定位颇存分歧，行政强制执行权到底是属于行政权还是属于司法权的性质不能单纯地从孤立的一个角度进行判断，而是应该在综合各个方面的情况下进行全局考量。

首先，从词义学上而言，在行政强制执行概念中，核心是该行为所指向的内容是行政行为所确定的权利义务。这种权利义务属于行政法律关系的范畴，是对具体行政行为所确定的相对人义务的执行，而不是对其他行为所确定义务的执行，或者说，行政强制执行权应当解释为对具体行政行为的强制执行权。

其次，从目的而言，行政强制执行的目的在于要求行政相对人履行行政义务，即通过国家强制力来实现行政机关依法行使职权时所要达到的目的。行政机关的行政行为，有时行政相对人能自觉配合或履行，此时，行政强制权就无法表现出来，强制执行力就没有发挥效用的平台；而有时行政相对人拒绝履行，这时法律就赋予了国家机关的行政强制执行权，以实现具体行政行为所确定的相对人义务。因此，从本质上看，行政强制权是行政权的合理的、自然的延伸，是行政权的特

---

〔31〕 非诉执行是指行政相对人在法定的期限内既不提起行政诉讼，又不履行已经生效的具体行政行为所确定的义务，人民法院根据行政主体或行政裁决行为确定的权利人的执行申请，经过与诉讼审查不同的审查，裁定执行生效的具体行政行为的活动。

殊表现[32]。

再次，从主体而言，尽管存在司法机关与行政机关，但对某一行为性质的判断，不能仅从行为主体出发作简单的形式判断。如在行政委托关系中，若行政机关将某项职权委托给某事业单位行使，该事业单位以行政机关的名义作出行为，从行为主体上看是事业单位而非行政机关，但不能因此而得出该行为不是行政行为的结论。如果说同一类型的案件由行政机关自行执行就属于行政性质，而由法院实施非诉执行行为时就属于司法性质，仅仅因执行主体的不同，同一类型的强制执行行为此时被定位为行政性质，彼时则被赋予司法性质，这种飘摇不定在学理上是难以自圆其说的。因而判断行政强制执行权的属性，不应让执行中所实际渗透的其他性质的主题干扰对行政强制执行性质的分析。随着社会的发展和社会事务的复杂化，行政机关行使某些判断权（如行政机关对于行政管理有关的民事纠纷的裁判权）和司法机关行使某些执行权（如法院依行政机关申请行使行政执行权）的现象并不少见，这是分权和分工理论在现代社会下进行自我调整的必然结果。故不能仅仅因为主体的性质而对行政强制执行或强制执行力进行武断的界定。此外，当司法审查认为行政行为违法时，法院就不可能予以强制执行，因此，只要是将行政机关的决定付诸执行，不管其执行主体是行政机关还是司法机关，均应属行政强制执行的范畴。

复次，从内容上来看，无论是行政机关还是司法机关，它所执行的前提或基础是行政义务，即行政行为中所确定的义务。虽然其使用的手段——强制措施可能是行政的或司法的，但其本质上是行政行为决定权的延续，其最终目的是保证行政义务的完成，保证行政秩序的稳定。

最后，从权力的设置来看，由司法机关来强制执行部分行政行为是

---

〔32〕 胡建淼主编：《行政强制》，法律出版社2002年版，第158～159页。

出于对权力制约和监督的考虑。法院对作为执行依据的行政行为的审查是一种监督，这是司法为保证强制执行的正确性而对行政执行过程的渗透，它不能因此改变行政强制执行权的行政性本质。在非诉行政执行中，强制执行是对强制执行力内涵的延伸和巩固，如果没有强制执行力的存在，就失去了申请法院来强制执行的依据，当然也就不存在非诉行政执行了。

综上，尽管行政强制执行从执行主体或形式上看具有司法的内容，但从它执行的词义、目的、主体、内容、权力的设置等进行剖析，其在本质上当属行政性。

第四节　行政行为实行力的否定：无效行政行为

一、无效行政行为的基本理论

行政行为实行力是有限度的，它的相对性主要表现无效的行政行为自始不具有实行力。无效行政行为是指行政行为自始就完全不具有效力，没有法律效果和实行力，行政行为主体不必履行，任何人在任何时间都可以主张其无效。我国台湾地区学者在阐述无效行政行为时指出，行政行为的无效可以从实体法和救济法两方面来理解：在实体法上的意义是，无效行政行为自始不产生效力，亦即自始就无法产生所意欲的法律效果，在法律上可视为不存在，任何人都能主张其无效，无须对之遵循，官署也不能执行；在救济法上的意义则是，相对人毋庸在救济期限内提请撤销无效的行政行为，换言之，他可以无视它的存在，不予理会，唯有在万一遭到官署的强制执行时，才须对执行措施提请救济，由以审查执行措施的适法性为主要目的的审议机关附带审查作为先决问题的原处分的适法性[33]。

在服务行政的背景下，无效的行政行为不具有实行力是符合其保障相对人权利和维护公法秩序的价值追求。首先，无效行政行为只具有行政行为的形式，而不具有行政行为有效的实质要件，这种行为本身为实行力理论所排除。如果再赋予无效行政行为以实行力，不仅不能维护法律的安定性，反而有损法律的权威性。其次，如果在法律上赋予无效的行政行为以实行力，无疑会造成行政相对人权益的受损和公共资源的浪费，因为该行为的内容获得强制执行，这一方面会对行政相对人权益造成重大侵害，另一方面由此引发的国家承担赔偿责任又造成公共资源的浪费。最后，在法律上赋予无效行政行为以实行力，就剥夺了国民对严重违法行为的抵抗权。在现行法律中，有不少法律法规规定，相对人或利害关系人对行政机关明显违法的行政行为可以拒绝、抵制。《行政处罚法》第49条规定："行政机关及其执法人员当场收缴罚款的，必须向当事人出具省、自治区、直辖市财政部门统一制发的罚款收据；不出具财政部门统一制发的罚款收据的，当事人有权拒绝缴纳罚款。"这是法律对人的自然权利——抵抗权的明确承认。况且，在防卫权制度中，个体利益与公共利益之间并不必然表现为法律上的冲突，相对人主张行政行为无效并不服从，一则是对个体利益的保护，二则就阻止无效行政行为实现并防止其造成进一步社会危害后果而言，同样是对公共利益的维护[34]。

二、无效行政行为制度存在的问题

（一）概念不清楚

在德国的行政法学理论和立法上，无效行政行为是一个具有特定内

---

〔33〕 参见林纪东：《行政法》，三民书局1998年版，第640页。
〔34〕 柳砚涛：《行政行为公定力质疑》，载《山东大学学报（哲社版）》2003年第5期。

涵的法律概念，即无效是指行政行为作出之时因欠缺法定实质要件而自始全然不发生法律效力的状态。德国行政法学之父奥托·迈耶认为，“经适当公告的国家行为的作用力取决于其合法性。缺少合法性的行政行为是不能施行的行为，也不应该产生其所设定的法律后果，即在法律上是不发生作用的”，“但这样的行为只有当行政行为具有非常明显的法律错误时——即行政行为无效的情况下——才能表现出来，如同在司法中一样。当作出行政行为的机构不是行政机关，或某一事务根本不在该机关的管辖范围之内时，这样作出的行政行为就是无效的。于是，国家意志的力量从一开始就不存在于这个行政行为之中，这个行为不发生作用”。〔35〕这里的无效行政行为是“自始无效、当然无效及确定无效”。而在我国，无效行政行为的概念并不清楚，其主要集中在无效行政行为与行政行为的不存在、可撤销的行政行为及违法行政行为等概念的混淆。如我国改革开放以后第一部行政法教科书《行政法概要》认为：“无效的行政措施，将完全不发生与其内容相当的效力的行政措施。这等于没有采取过行政措施。但无效的行政措施，由于具有行政措施的外形，就其是否无效有争论时，仍应按一般程序提出申诉，请求确认其无效。”〔36〕这一概念把无效行政行为视为“没有采取过行政措施”，即行政行为的不存在〔37〕。这在立法中有所体现，如《行政处罚法》第41

〔35〕［德］奥托·迈耶：《德国行政法》，刘飞译，商务印书馆2002年版，第100页。

〔36〕王岷灿：《行政法概要》，法律出版社1983年版，第123页。

〔37〕无效行政行为与行政行为不存在区别亦是十分明显的：（1）从外观上来看，无效行政行为是指行政机关已经作了行政行为，即已经具备了行政行为的外在形式，只是在实质上因欠缺有效成立的要件或其他重大瑕疵而不能发生合法的效力；而行政行为不存在是指在外观上并不存在行政行为的形式，在客观上也没有与行政行为相当的事实。（2）从救济法上来看，行政行为不存在因根本缺乏讼争的标的而不能提起行政复议或行政诉讼，即使提起，也会因缺乏诉讼标的而被驳回；而无效行政行为因其外形上仍是行政行为，所以在提起行政复议或行政诉讼时，相关的行政机关或法院不得以缺乏诉讼标的而驳回。详见林纪东：《行政法》，三民书局1990年版，第327页。

条规定："行政机关及其执法人员在作出行政处罚决定之前，不依照本法第三十一条、第三十二条的规定向当事人告知给予行政处罚的事实、理由和依据，或者拒绝听取当事人的陈述、申辩，行政处罚决定不能成立。"又如，《行政处罚法》第3条第2款"没有法定依据或者不遵守法定程序的，行政处罚无效"的规定混淆了无效与可撤销的行政行为概念，而无效行政行为与可撤销行政行为二者有着明显的区别。[38]

（二）标准不明确

在行政行为的判断标准上，存在"重大说"与"重大且明显说"的争论。持"重大说"的学者认为"无效，就是不发生法律效力。已经采取的行政措施，由于重大缺陷，没有法律上的效力，称为行政措施的无效"，"无效的行政措施，从效力上说，等于没有过这一措施。如果是赋予公民以某一权利的，其权利并不能取得法律上的保障，任何人也无尊重其权利的必要；如果是要求公民履行一定义务的，公民没有服从的必要。行政机关如果强制执行无效的行政措施，就要负法律责任。"[39]"重大说"只指出了无效行政行为是因为已经作出的行政行为具有"重大"缺陷而无效，没有指出这种重大缺陷是否应达到"明显"的程度。"重大明显说"认为"无效行政行为是指那些形式上虽已存

---

〔38〕 无效行政行为与可撤销行政行为区分主要表现在：（1）违法的程度不同。无效行政行为的违法程度高于可撤销行政行为，通常行政违法行为有重大明显瑕疵的，属无效；行政行为如果只具有一般违法情形，则为可撤销的行政行为。（2）效力的先定性不同。无效行政行为不具有公定力，不能被推定有效，不须经事后的撤销自始就完全不具有效力；可撤销行政行为根据公定力，在撤销前被推定有效。（3）遵从的程度不同。无效行政行为在任何时候对任何人和任何机关都没有约束力，行政相对人可拒绝履行；可撤销行政行为在被撤销前对相对人有约束力、执行力，行政机关可强制执行，第三人必须尊重其效力。（4）时效制度不同。确认行政违法行为无效不受时效的限制，有权机关可在任何时候确认无效，利害关系人也可在任何时候请求有关机关确认无效；可撤销行政行为相对人要否认其效力，须在法定期限内向有权机关提出请求，一般情况下，经法定期限后，行政违法行为即变为合法，相对人不能再寻求救济。

〔39〕 应松年、朱维究：《行政法总论》，工人出版社1985年版，第297页。

在，但因重大且明显违法，不待有权机关确认并宣告，自始、当然、确定的不发生法律效力的法律行为”。[40] 而在国外，对标准的界定较我国更科学、更合理，他们通常先将行政行为的无效划分为相对无效和绝对无效。例如，法国行政法把行政行为依无效的程度划分为相对无效和行政行为不存在或者绝对无效。对于相对无效，只有行政机关可以主张无效；而对于绝对无效，其主张主体、时间和无效确认机关要比相对无效广泛得多。[41] 对于相对无效的概括各国一般采用“重大且明显说”，即行政行为有重大且明显违法情形时无效。例如，德国《行政程序法》第44条第1款规定：“行政行为具有重大瑕疵或者根据理智的判断绝对明显无效时，无效。”“重大且明显说”只是为无效确立了一个原则性标准，在实践中可操作性不强，因此各国的行政程序法和法院判例还确立了一些具体标准，这便是无效的明示原因。无效的明示原因主要包括主体瑕疵、权限瑕疵、内容瑕疵、形式瑕疵和程序瑕疵五个方面[42]。

（三）无配套制度

我国无效行政行为缺乏配套制度的规定，其中主要表现在缺乏无效的认定主体、方式和程序、法律后果等相应的制度。如上所述“重大明显”的瑕疵是该瑕疵已严重到了信赖保护原则都无法维持其效力的程度，且一般理性的人都认定其应为无效；但在由哪个主体进行最终的判断、其判断的方式应采取何种形式、判断的程序应如何进行，认定无效后具体会产生怎样的法律后果都没有统一的制度规定。此外，在立法上，仅仅是通过明确否定相关行政行为自始对相对人发生实行力，或以间接方式肯定相对人对行政主体的强制执行“有权抵制”、“有权拒绝”，但仅有的这些规定也是不完整的，因为上述法律法规在规定相对

---

〔40〕 胡建淼：《行政违法问题探究》，法律出版社2000年版，第504页。
〔41〕 王名扬：《法国行政法》，中国政法大学出版社1988年版，第172页。
〔42〕 杨海坤、章志远：《中国行政法基本理论研究》，北京大学出版社2004年版，第249页。

人“有权抵制”、“有权拒绝”无效行政行为时，却没有明确规定这些无效行政行为的特定的救济方法。在我国立法中，对无效行政行为不论是申请撤销（如《全民所有制工业企业法》第59条），向有关机关申诉、控告、检举（如《禁止向企业摊派条例》第15条），还是提起行政复议或行政诉讼，都是消极的事后救济程序，因而难以有效保障相对人的合法权益，并且使无效行政行为的效力（实行力）长期处于悬浮状态，不利于行政法治〔43〕。在制度的具体实施中，立法上对无效行政行为和其他违法行政行为所作的区分，只有同各自的救济程序有机地联系起来把握才有意义。正因为如此，有学者早就提出，“有关法律中的不能成立、有权拒绝等规定如何操作是一个亟待解决的问题”。〔44〕

三、无效行政行为制度的完善

（一）明确界定无效行政行为的类型〔45〕

在法律实施中，仅凭无效标准去界定行政行为的无效是不够的，还需要通过法律规范和法院判例制定一些具体的标准来界定无效决定的类型。无效行政行为具体可以分为以下几类：（1）主体瑕疵的无效行政行为。这类无效行政行为通常是根本不具有行政主体资格者所实施的行为，如立法机关代替行政机作出决定。（2）权限瑕疵的行政行为。这

〔43〕 王太高：《无效行政行为制度研究》，载《河北法学》2002年第2期。

〔44〕 刘莘：《具体行政行为效力初探》，载《中国法学》1998年第5期。

〔45〕 德国《行政程序法》第44条第2款规定了6种情形即为这种绝对无效的行政行为：虽已书面作出，但作出的行政机关却未表明该行为由谁作出；根据法规，行政行为仅可以交付一定的文书方式作出，而尚未交付文书的；行政机关在第3款第1项所列权限之外作出的行政行为，且未得到授权；基于事实理由不能实施的行政行为；行政行为的完成以违法行为为要件，该违法行为构成犯罪或罚款事实要件；违反善良风俗。我国台湾地区“行政程序法”第111条亦规定了绝对无效行政行为的情形：不能由书面处分中得知处分机关者；应以证书方式作出而未给予证书者；内容对任何人均属不能实现者；所要求或所许可之行为构成犯罪者；内容违背公共秩序、善良风俗者；未经授权而违背法规有关专属管辖之规定或缺乏事务权限者；其他具有重大明显之瑕疵者。

类无效行政行为通常是行政主体没有权限而所实施的行为，如民政机关对公民人身自由的行政拘留。在我国台湾地区“行政程序法”第111条第6款规定：“未经授权而违背法规有关专属管辖之规定或缺乏事务权限者，无效”。(3) 内容瑕疵的无效行政行为。这类无效行政行为是因内容方面的瑕疵而导致的无效，如行政机关的决定内容会导致直接违法或构成犯罪的，又如行政机关决定的内容在事实上不可能实现的，即行政行为的内容不符合实际，其履行在事实上不可能或法律上不可能实现的。此外，行政机关的决定内容违反公共秩序善良风俗也导致无效。(4) 程序瑕疵的无效行政行为。这类无效行政行为是程序上的重大瑕疵导致行政相对人的基本权利构成损害时，行政机关的决定才无效。如在日本行政行为无效是以相对人的权利和利益为前提的，要首先分析该程序是以谋求行政的公正、保护公共利益为目的而设置的，还是为保护有利害关系者的权利和利益而设置的，只有未履行后种程序而作出的行政行为才是无效的〔46〕。

(二) 规定无效行政行为的确认主体、确认标准、确认方式与确认规则

1. 需要明确无效行政行为的确认主体，即无效行政行为由谁进行判断。在通常的情况下，一般理性、谨慎的人、作出该行为的行政机关或其上级行政机关都可以作为无效行政行为的确认主体。但当行政相对人自己认为行政行为无效，行政机关却不接受相对人的无效的意见，那么就存在行政机关执行该相对人认为无效的行政行为的可能性。从社会权限分工的角度来看，当是否无效存在争议时，认定权最终应该由法院行使，即通过法院来确认行政行为无效。

2. 需要明确无效行政行为的确认标准，只有标准的明确才能在无

---

〔46〕 杨建顺：《日本行政法通论》，中国法制出版社1998年版，第398页。

效的确认中确定一定的尺度。国外通说将行政行为的无效划分为相对无效和绝对无效。在此基础上，各国立法基于对法的安定性和正确性取舍不同，在确定最低标准时有两种做法：一是强调法的安定性优先，其设定的最低标准往下（低处）发展，其结果是绝对无效的处分减少；二是重视法的正确性，其设定之最低要件往上（高处）为取向，其结果是绝对无效处分增多。[47] 我国最初对无效行政确认的标准问题认识分歧较大，通过理论的发展和实践的摸索，对该问题的认识趋于一致，即瑕疵是否“重大明显”。而瑕疵是否“重大明显”所根据者既不是案件当事人主观的认识，也不是法学专家的专业判断，而是一般理性、谨慎公民的合理观察。

3. 需要明确无效行政行为确认方式，建立行政诉讼的“宣告无效之诉”。我国行政诉讼中应当建立起“请求宣告无效之诉”制度，以完善司法解释中“确认无效”判决的相关规定。具体思路为：如果相对人认为某一行政行为无效，可以通过行政程序中的无效确认制度或行政复议程序提出抗辩，如果行政主体认为该决定不属无效并强制执行，相对人可以向人民法院提起行政诉讼，请求法院宣告该决定无效。或者，当行政主体向法院申请强制执行时，相对人可以以该决定无效作为抗辩理由，请求法院宣告其无效[48]。

4. 需要明确行政行为无效的确认规则，行政机关和审判机关认定无效行政行为的程序通常情况下有申请、受理、审查、确认四大步骤[49]。无效确认规则的建立需要实行“争讼停止执行”。“争讼停止执行”是

---

〔47〕 吴庚：《行政法之理论与实用》，中国人民大学出版社2005年版，第371页。

〔48〕 郭庆菊：《无效行政行为防卫权制度初探》，载《哈尔滨学院学报》2005年第1期。

〔49〕 申请包括复议申请人提出复议申请和行政诉讼原告提起诉讼，这是引起对行政行为审查的首要步骤。当然，行政机关也可以依职权确认无效行政行为。受理是指收到申请的机关对申请作形式上的审查，以便对符合法定条件的申请正式立案。审查是复议机关和审判机关对效力有争议的行政行为进行实质性的全面审理阶段。确认则是正式认定并宣告争议行政行为是否有效。

指当相对人对无效行政行为提起行政复议或者行政诉讼时，该项行为原则上应停止执行，以避免实际损害的发生。[50] 对此，德国《联邦行政法院法》第80条明确规定："申请复议及确认无效之诉具有中止执行的效力。"从切实保护相对人合法权益的角度来说，德国的做法无疑值得我们借鉴。总之，无效行政行为是行政行为中完全不具备实质正当性和有效成立要件的行为，只有有效地保障对其正当防卫权的行使，才能真正实现依法行政。[51]

（三）统一规定公民对无效行政行为的抵制权、抵制方式以及免责情形

所谓无效行政行为抵制权，是指行政相对人对无效行政行为所设置义务享有的抵抗和不服从的权利，也有学者称其为抵抗权、防卫权、拒绝权。该权是私权对抗公权的重要机制，也是行政救济的主要方式。从宪法层面看，设定抵制权的目的主要是防止政府专制，通过赋予公民抵抗权实现对公权力进行制约；从行政法层面看，抵抗权主要被表述为行政相对人对无效行政行为所享有的正当不服从权利。但抵制权得以实现尚需实体法的规定和制度化的努力。

1. 需要明确公民对无效行政行为享有抵制权。罗豪才教授认为，对于某些无效行政行为，"行政相对方有权抵制而不予执行"。[52] 因为如果对于具有重大且明显违法情形的行政行为，相对人也只能在该行为成立甚至侵害结果发生后，通过事后救济途径使之纠正，即造成损害的，才能依法取得国家赔偿。如此必然带来诉讼成本和国家赔偿费用的不必要支出。因而，无效行政行为抵制权予以实定法确认是必要的，这样可以通过实定法减少公权力的危害。避免因权利推定而带来的

[50] 章志远：《行政行为无效若干问题研究》，载《河南政法干部学院学报》2002年第1期。
[51] 郭庆菊：《无效行政行为防卫权制度初探》，载《哈尔滨学院学报》2005年第1期。
[52] 罗豪才：《行政法学》，北京大学出版社1998年版，第115页。

可期权利或纲领性权利增多的现象，拉近法律、权利与社会实践的距离，同时给无效行政行为防卫权提供宪法顾及不到的和极具可操作性的法律保障[53]。

2. 需要确定“抵制必须答复”制度。尽管从理论上说，无效行政行为不具有实行力，但行政机关若实施强制执行，行政相对人是无法与之抗衡的。为了解决这一问题，在行政程序法中建立以“抵制必须答复”机制。该机制既可以独立存在也可并入行政复议，具体是指相对人对于行政行为无效的主张与行政主体对于行政行为合法有效的主张相遇时，相对人可向作出该决定的行政机关或上一级行政机关提出确认无效申请，行政机关有义务在法定期间内对其所作决定进行无效与否的审查和判断，并将结果告知相对人，以便其作出相应的选择。该程序的设置应力求简单、方便、快捷，旨在即时阻却行政行为的运作过程，限制行政主体的行政强制权，从而保障行政相对人防卫权的有效行使[54]。

3. 需要明确无效行政行为抵制的免责情形。当相对人要行使抵制权时，必须要有无效行政行为的存在。在享有权利的同时也应该承担一定的义务，因而行政相对人在行使抵制权时，就必须承担证明无效行政行为存在的义务（责任）。在抵制的具体实施中，相对人必然存在错误实施抵制权的情形，对于消极的抵制，应当免于相对人承当责任。而在积极的抵制时，相对人行使抵制权失当需要承担由此所构成的行政或民事责任，但需要适当减轻。因此，在行政相对人行使抵制权可能产生抵制错误、抵制过度等抵制失当的行为时，应当予以免责为原则，适当减轻为例外。

---

〔53〕 柳砚涛、刘宏渭：《论无效行政行为防卫权及其矫正机制》，载《行政法学研究》2003 年第 2 期。

〔54〕 郭庆菊：《无效行政行为防卫权制度初探》，载《哈尔滨学院学报》2005 年第 1 期。

（四）明确规定对无效行政行为请求确认无效，不受诉讼时效的限制

立法上应明确无效行政行为的实体性后果，即无效行政行为为自始无效、当然无效和确定无效[55]。无效的行政行为并不因事后的追认、转换或时间的经过而自然取得实行力。因而，在主张和请求确认行政行为无效不受时限的限制。在对请求确认无效不受诉讼时效限制的立法中，可以借鉴域外经验。如我国澳门地区《行政程序法》第115条第2款规定："任何利害关系人得随时主张行政行为无效；任何行政机关或法院亦得随时宣告行政行为无效。"德国《联邦行政程序法》第44条第5款规定："行政机关可随时依职权确认无效，申请人有正当权益的，行政机关应其申请也须确认无效。"葡萄牙《行政程序法》规定："利害关系人可随时主张行政行为的无效，任何机关和法院也可随时宣告行政行为的无效。"

---

〔55〕自始无效是指自决定成立之日起即为无效，而不是从法院判决确认之时起无效。当然无效是指无效行政行为之无效既非出于有关机关之撤销，亦非出于法院的判决，而是出于其自身存在的无效原因，理所当然地不能发生行政行为的效力，法院之判决只是对其无效事实的确认。确定无效是指其无效确定无疑，无可争议，不管行政法律关系主体主张有效也罢，主张无效也罢，也不管当事人对其效力的发生有争议也罢，无争议也罢，该决定皆无效。

第五章

行政行为实行力的司法之维

行政行为实行力是联系行政行为抽象内容与具体权利义务之间的桥梁，是促进抽象内容转化为具体权利义务的作用力。依据行政行为实行力理论的应然式描述，行政主体和行政相对人都应当主动积极地履行其义务，合法的行使其权利，然而在实行力发挥效用的过程中会出现许多的现实问题，如行政主体的不履行义务带来的相对人权利无法实现的困境，行政主体错误地行使强制执行造成的相对人权利的侵害，行政相对人不履行义务引起的公共目的无法实现，这些问题的解决都离不开司法的救济或保障。也就是说，无论是对私权利的规范或实现，还是对公权力的限制或是公共行政目的实现，都离不开司法作用的发挥。

第一节 强制执行力的司法保障：相对人不履行义务

“法的实现是法学理论、法律实践的重大课题。法律、法规制定得再好，如不能在生活中实现，也只是一纸空文，起不到应有的作用。

在这种意义上我们也可以说，‘法的实现是法的生命，’是把纸上的法（law in books）变为行动中的法（law in action），使之转化为人们的行为，是发挥法的调整作用的关键。”[1] 历史的经验告诉我们，无论多么公正的法律制度或是依据公正的法律而作出的行政行为，其都无法保证所有的人都自愿信服法律，自觉履行行政行为确定的相应法律义务，对于法治目标和行政行为内容的实现而言，必要的强制是不可或缺的。因为，“行政处理具有强制执行力量是处于公共利益的需要，行政机关为了公共利益的需要所作出的决定，如果公民拒绝履行，公务将无法实施，国家将成为无政府状态。”[2] 当行政相对人不主动履行相应的义务时，强制执行力就会发挥其效用，而非诉行政执行如前文所述正是强制执行力在实践中的具体呈现。

一、行政非诉执行对强制执行力保障的正当性

非诉执行是指行政相对人在法定的期限内既不提起行政诉讼，又不履行已经生效的具体行政行为所确定的义务，法院根据行政主体的执行申请，经过与诉讼审查不同的审查，裁定执行生效的具体行政行为的活动。法院在行政相对人不主动履行义务的情况下，为了确保行政行为内容的实现，使行政行为的实行力得以发挥效用，可以对该义务进行强制执行。而法院的行政非诉执行作为行政行为实行力的保障，其正当性主要可以从理论和实践中得以印证。

（一）行政非诉执行并不违背权力分立的原则

正如许多学者所认为的，立法权、行政权、司法权根本不可能严格区分。“纯粹法学”的创始人凯尔森认为，“‘分权’概念确定了一个政

---

〔1〕 黄建武：《法的实现——一种社会学分析》，中国人民大学出版社 1997 年版，第 1 页。
〔2〕 王名扬：《法国行政法》，中国政法大学出版社 1988 年版，第 174 页。

治组织的原则。它预定三种所谓权力可以被决定为三个不同的、对等的国家职能，并且有可能确定将这三个职能相互分开的界线。但是这种预定是不符合事实的。正如我们已见到的，国家的基本职能并不是三个而只有两个：法律的创造和适用（执行），并且这些职能并不是对等的而是上、下等的。此外，确定将它们相互分开的界线也是不可能的，因为法律的创造和适用之分，作为基础的立法权和（最广义的）执行权的二元论，只有一种相对的性质，国家的大多数行为都同时既是创造法律又是适用法律的行为。将法律的创造分给一个机关而法律的适用（执行）又分给另一机关，分到如此专门的地步以致不会有一个机关同时履行这两个职能，这是不可能的。”同时，“司法权对所谓行政权的分立，也只有在比较有限的范围上才是可能的。这两种权力的严格分立是不可能的，因为通常以这些术语所称的两种类型的活动实质上并不是不同的职能。事实上司法职能完全是同平常用行政一词所描绘的职能同样意义的执行职能；司法职能也在于一般规范的执行。”[3] 正因为如此，三权分立的确是存在的，但其区分并不是绝对的，行政非诉执行并不违背权力分立的原则。

（二）司法强制执行具有中立性与权威性的优势

美国著名的政治学家汉密尔顿说：“国家与其成员或公民间产生的纠纷只能是诉诸法庭，其他方案均不合理”[4]，当涉及行政相对人在自行履行阶段不主动履行行政行为确定的义务时，行政行为主体就对义务的履行或执行与否存在了纠纷，这就需要处于中立地位的法院进行裁判。在行政主体与相对人对于行政义务是否需要实现的公法争讼关系中，法院位于居中的位置，依法独立行使裁判职权，不受任何力量的非

〔3〕［奥］凯尔森：《法与国家的一般理论》，沈宗灵译，中国大百科全书出版社1996年版，第299、303页。

〔4〕［美］汉密尔顿等：《联邦党人文集》，程逢如等译，商务印书馆1992年版，第399页。

法干涉。司法的独立保证了其意志的独立，这种独立性最低限度也能保证在强制执行上的立场公正。

随着法治实践的不断发展，司法的权威性越发得以彰显，诚如德国公法学者卡尔·施密特所言，法治国的核心就是司法国，法治国完美的理想达到最高峰乃是国家生活达到普遍的司法性，是国家行为与争议都可以由类似司法的途径来解决。即使是高度政治性的案件，如政治犯、部长与总统弹劾、宪法争讼、审查政府的统治行为、选举诉讼等，也都应当采用类司法的形式加以解决。[5] 在行政义务是否需要强制执行中，行政主体主要关注的是效率，法院则更为关注行政义务设定的合法性，而合法性价值的追求无疑加强了司法强制执行的权威性。

（三）强制执行力不等于行政主体的强制执行

强制执行力如前所述尽管为行政性，但强制执行权并非必然为行政机关所享有，因为强制执行力呈现形态具有多样性，其与行政主体的强制执行之间不能画上等号。传统观点认为，行政强制权是行政机关单独而必然享有的权力，行政强制只能为行政机关行使，并且不加分析的认为行政强制执行是行政决定权的自然延伸，是前者得以实现的唯一保障。随得法治理论与实践的发展，行政主体必然拥有行政强制执行权的理念受到冲击，因为依照“法律保留原则”，行政主体的强制执行权需要得到法律的授权才能享有，其绝非行政权的自然衍生。因此，强制执行权究竟为行政主体还是司法机关所享有，需要有法律的明确授权。

此外，行政非诉执行中的强制执行力仍然是行政行为所具有的，或者说强制执行力并没有随强制执行权的转移而发生了转移。申言之，具有强制执行力仍是相应的行政行为，而非法院作出的准许执行的裁定，强制执行力的归属与强制执行权的分配和实际行使没有直接的关系。理

---

〔5〕 陈新民：《德国公法学基础理论》，山东人民出版社 2001 年版，第 87 页。

由是，虽然法院在决定是否准许执行某个行政行为之前，要就其合法性进行审查，但在其作出了准许执行的裁定后，在具体执行时，作为执行根据或执行名义的仍是有关的行政行为，其强制执行行为仍是有关行政行为执行力的体现。因此，经法院裁定准许后由法院进行的强制执行亦为行政行为实行力的体现〔6〕。

（四）非诉行政执行可加强对人权的保障

司法对行政行为义务是否需要强制执行的审查与其审查合法后的执行，是国家通过司法机关对行政行为进行审查监督、纠正违法或不当的行政行为，是保障公民权益的最终屏障，是现代民主国家普遍设立的一项重要的法律制度〔7〕。在行政强制执行制度中，如果行政机关的执行权直接面对相对人的人身、财产等重大权益，强制执行将产生难以弥补的损失时，设立防患于未然的机制来阻却违法具体行政行为的强制执行力，更有利于对相对人的保护。因此，由法院居中裁判，对具体行政行为的合法性进行审查并作出是否强制执行的裁判，这有利于相对人合法权益的保护。而通过行政诉讼对违法的强制执行进行审查是一种事后监督，在司法实践中往往只会成为一种补偿而非初始恢复，相对人的合法权益不能得到完全的保护。此外，在行政强制法律关系中，作为行政法律关系当事人一方的行政相对人较之于行政主体明显处于弱势，司法权的介入可以在一定程度上平衡行政机关和相对人之间的不平等关系。因而，非诉行政执行在行政强制行为实施的必要性和公民权益受侵害的可能性之间进行了平衡，起到保护相对人合法权益的“安全阀”的作用。

---

〔6〕 赵清林：《也谈行政行为的执行力》，载《甘肃政法学院学报》2008年第1期。

〔7〕 参见杨建顺：《宪政与法制行政的客体》，载《人大法律评论》，中国人民大学出版社2001年版。

二、域外强制执行力的司法保障

（一）美国

在美国，司法审查包括违宪审查与违法审查。违宪审查是指由法院对立法机关、行政机关的立法行为是否合宪所进行的审查。违法审查是指由法院对行政机关的行政活动是否合法所进行的审查。美国的司法审查按照法院取得司法审查方法的不同，采取下列四种诉讼形式：（1）法定的审查；（2）非法定的审查；（3）执行诉讼中的司法审查；（4）宪法权利的司法审查。美国行政决定的执行，是行政机关自行执行和行政机关向法院提起执行诉讼，由法院审查后执行并存，但通常以法院的执行作为最终的执行程序。[8]

在美国，其政治制度基于分权和制衡原则建立。司法权与行政权分离以及司法权对行政的高度参与，构成了美国行政强制执行制度一道独特的风景线。[9] 美国执行诉讼由行政机关发起，以不履行法定义务的相对人为被告。具体来说，美国的行政行为执行诉讼是在当事人对行政机关的决定不提起诉讼又不执行时，由行政机关提起民事诉讼请求法院以命令促其履行，如仍不履行时，由法院以蔑视法庭罪，处以罚金或拘禁。执行诉讼发生于两种情况：一种情况是，法律对行政决定完全没有规定执行的手段。在这种情况下，当相对人不履行行政决定确定的义务时，行政机关只能向法院提起执行诉讼，请求法院裁判执行行政决定。另一种情况是，法律规定在相对人不履行行政决定时，行政机关可以采取行政罚款等制裁性手段，对相对人实施制裁，但是没有赋予行政机关直接执行的权力和手段，在相对人仍不履行行政决定，并且不履行行政罚所确定的义务时，行政机关通常也只能向法院提起诉讼，法院是最后

〔8〕 傅士成：《行政强制研究》，法律出版社 2001 年版，第 337 页。
〔9〕 胡建淼主编：《行政强制法研究》，法律出版社 2003 年版，第 334 页。

的执行力量。只有极少数情况下，法律才授予行政机关直接执行的权力。[10] 并且受理执行案的范围相对比较宽，法院除听取相对人主张行政决定违法的抗辩理由外，还对行政决定的合法性进行实体审查，以裁决是否执行。

另外，当法律规定以刑事处罚作为执行的保障时，行政机关对于不执行行政决定的人，应向检察机关检举，由后者向法院提出追诉。在采用赔偿损失的间接执行手段时，一般也由法院判决。以行政罚作为执行手段而当事人不遵守时，行政机关必须诉诸法院，由法院发布相应的命令，达到执行目的，通过司法程序的执行享有最终性。

总之，在美国的司法模式下，强制执行是通过民事诉讼或刑事诉讼由法院强迫相对人履行义务，原则上不赋予行政机关强制执行权。[11]

（二）法国

法国虽是大陆法系国家，但行政强制执行主体模式却类似于英美法系国家。在法国，行政处理的执行方法有三种：刑罚、行政罚和强制执行。首先，当行政相对人不履行行政法上的义务时，主要由刑事法院对义务人处以刑罚，依靠相对人对刑罚的恐惧而自动履行义务，这种处罚称为行政刑罚，由刑事法院判决并执行，但是以违反行政义务的行为为对象，不是一般的犯罪。[12]。其次，当行政相对人不履行义务时，可以对其处以行政罚，以行政罚的制裁和制裁的威胁，促使相对人履行行政义务。最后，出于对行政机关自行执行权的警惕，赋予行政机关执行权的要求非常严格，在下列情况下，行政机关也可以自行强制执行：（1）法律明文规定行政机关可以自行强制执行的财物。例如，1877 年

〔10〕 傅士成：《行政强制研究》，法律出版社 2001 年版，第 338 页。
〔11〕 王名扬：《美国行政法》，中国法制出版社 1995 年版，第 581 页。
〔12〕 参见王名扬：《法国行政法》，中国政法大学出版社 1988 年版，第 174 页。

关于征用的法律；交通法规规定可以清除阻碍交通的车辆等。（2）紧急情况下，当公共安全的即刻利益要求行政机关迅速行动时，行政机关可以无时限无程序地运用强制措施达到行政目的。（3）在无法律明文规定，亦非紧急情况，但行政机关没有其他方法达到实现行政义务时，行政机关也可以采用强制执行以达到目的[13]。

（三）德国

大陆法系许多国家一般将行政强制执行分为两类：行为或不行为义务的执行和公法上金钱给付义务的执行，而有关公法上金钱给付义务的执行，一般由法院充当执行机关。在德国，行政强制执行在多数情况下都由行政机关来执行，但在下列情况下需通过法院方能执行：（1）公法上金钱给付义务如执行标的为不动产时，由法院依民事强制执行程序执行。（2）行政相对人不执行处罚时，由负责执行的行政机关申请，行政法院在听讯义务人后通过裁定命令代偿强制拘留时，由法院依民事诉讼法的规定执行。[14]

无论是在英美法系，还是在大陆法系，都存在法院强制执行行政行为的情况，只是其范围不同而已。非诉行政执行作为阻止违法的行政行为进入执行过程，保障相对人合法权益而存在的制度设计，体现了“司法控制下的行政”之控权原则，从而实现公民权与行政权之间的平衡。因此，随着法治实践的发展，非诉行政执行存在的正当性与合法性已经得以彰显。

---

〔13〕 详见王名扬：《法国行政法》，中国政法大学出版社 1988 年版，第 165 页；［法］古斯塔夫·佩泽尔：《法国行政法》，廖坤明、周洁译，国家行政学院出版社 2002 年版，第 68 页。

〔14〕 参见吴庚：《行政法之理论与实用》，三民书局 1997 年版，第 435 页。

第二节 强制执行力的司法保障：行政主体不履行义务

一、实行力理论下的行政义务

在服务行政的背景下，“权力向权利回归，亦即权力的社会化，因为权力回归于民众权利即回归于民众社会。权力回归于民众权利，一切服从民众权利并为它服务。”[15] 故行政主体的权力不再具有绝对的主导地位，服从和服务于公民权利是其行使权力的最终目的，服从和服务于公民权利就需要行政主体履行相应的义务。而对行政主体义务的确定是对行政主体履行义务的前提，同样也是强制执行力对行政主体发挥效用的前提。如果行政主体的义务不确定，那么针对行政主体不履行义务而进行司法救济就无法开展。行政主体的义务通常表现为以下几个方面：

其一，法律、法规、规章及规范性文件中规定的作为义务。无论怎样，立法仍然是行政义务来源的主要形式，这是由行政机关的国家机关性质和职权的国家权力性质所决定的。例如，《人民警察法》第 21 条规定：“人民警察遇到公民人身、财产安全受到侵犯或者处于其他危难情形，应当立即救助”，该法所规定的人民警察对人身、财产安全受到侵犯或者处于其他危难情形的公民负有的救助义务即为一种作为义务；如果某公民在遭受歹徒袭击时向值班民警求救或者拨打 110 电话报警求助时，警察即负有了立即救助的义务，警察的这种救助义务就是一种法定的行政作为义务。

其二，先行行为引起的作为义务。由于行政机关先前实施了一定的

---

〔15〕 漆多俊：《论权力》，载《法学研究》2001 年第 1 期。

作为行为，造成了违法或者危险状态，该行政机关即产生了纠正或者消除违法或者危险状态的义务，这与刑法和民法中义务产生的来源相类似，由于行政主体先行实施的行为使行政相对人某种合法权益处于遭受严重损害的危险状态，行政主体因此产生积极行动阻止损害结果发生的作为义务，就是先行行为引起的作为义务。先行行为可以由合法行为引起，也可能由违法行为引起。而且先行行为可能是事实行为，也可能是行政行为。基于先行行为与其所产生的后果的关联性，行政主体因此产生了积极行动阻止损害结果发生的积极义务。如果行政主体以不作为的方式来履行这种义务，就可以构成行政不作为〔16〕。例如，规划管理机关违反规定许可在居民住宅区修建动物试验室或加油站，即负有消除恶臭污染或安全隐患的义务。房地产主管机关因为审查不严而错误颁发了房屋产权证书，即负有收回或注销错误的房屋产权证书防止危害他人权益的义务。可见，源于行政机关行为所产生的义务是确定的，这种义务可能是实施一定行为的义务，更可能是消除一定结果或达到一定结果的义务，相比较而言，是一种更为严格的义务〔17〕。

其三，来源于行政承诺的义务。“行政承诺是指行政机关或法律法规授权的其他组织通过公开方式向社会不特定或特定公众作出的待某种条件成就、某项事情发生或某个行为完成时，在其职权范围内应允、保证履行法律允许的自由裁量的行为。”〔18〕 如公安部规定城市110接警后必须5分钟内到达现场。这种承诺一旦向社会公开，公安机关就有履行承诺方的义务。又如，为破获某一案件，地方政府或其职能部门规定对于提供案件线索或抓获犯罪人的给予一定的奖励，当行政相对人提供了

---

〔16〕 参见周佑勇：《行政不作为构成要件展开》，载《中国法学》2001年第5期。
〔17〕 杨小军：《怠于履行行政义务及其赔偿责任》，载《中国法学》2003年第6期。
〔18〕 张基奎：《行政承诺的法理学分析》，载《中国矿业大学学报（社会科学版）》2005年第2期。

案件线索或抓获犯罪人，行政主体就负有给予一定奖励的义务。

其四，行政契约中约定的义务。行政契约是在行政主体和行政相对人之间建立了权利义务关系，约定了行政主体应当履行的义务。如行政主体负有给予行政相对人优惠和照顾的义务、按照约定提供契约履行必要设备或条件的义务、按期足额支付报酬的义务等。具体如粮食订购合同，在各级人民政府及主管部门为了保证国民对粮食的需求能够得到满足，与农民之间就粮食的种植、订购达成的协议中，行政主体义务是提供平价化肥、农用薄膜、农药，按约定价格收购粮食的义务。

其五，有权机关的决定所产生的义务。如法院在行政诉讼中撤销了行政机关作出的扣押公民财物的行政强制措施，该行政机关即负有归还被扣押财物的义务，上级机关责令下级机关重新作出行政行为，下级机关即负有重新作出行政行为的义务，等等〔19〕。

其六，生效行政行为产生的义务。行政主体在履行职权、作出各种行政行为的过程中，可能为自己设定了义务。如在行政许可中，行政机关作出了烟草专卖的许可决定，那么其就有颁发烟草专卖证的义务；又如，在四川汶川地震发生后，四川省民政厅就公开作出承诺：对因灾无房可住、无生产资料和无收入来源的困难群众实施临时生活救助，补助标准为每人每天 10 元补助金和 0.5 公斤成品粮，补助期限三个月；对因灾造成的“三孤”（孤儿、孤老、孤残）人员补助标准为每人每月 600 元，受灾的原“三孤”人员补足到每人每月 600 元，补助期限三个月,〔20〕 当行政机关在“三孤”认定的基础上作出给予补助的行政决定时，就负有给付 600 元钱的义务。

由此可见，行政机关的义务来源是多元的，如果对其不加区分地

〔19〕 杨小军：《怠于履行行政义务及其赔偿责任》，载《中国法学》2003 年第 6 期。

〔20〕 搜狐网：《四川承诺困难群众临时生活救助 5 天到位》，载 http：//news. sohu. com/20080527/n257095077. shtml。

"一揽子"认为都是强制执行力需要发挥效用予以实现的义务，那么这无疑是行政行为强制执行力不能承受之重的。而在行政行为效力理论中，行政主体的义务是以行政行为生效为前提的，离开了生效的行政行为，行政主体的义务就不是本书所研究的范围。因此，对于行政行为实行力理论中的行政主体义务需要从行政主体义务中进行区分，其标准为是否存在行政行为的生效。以此标准，行政承诺的义务、行政契约中约定的义务、生效行政行为产生的义务是属于行政行为实行力理论中行政主体义务的范畴。

二、域外对行政义务强制执行的司法实践

行政救济是国家为了排除行政行为对公民、法人和其他组织合法权益造成的侵害，而采取的各种法律补救手段和措施的总称。行政救济制度对于及时排除行政不法行为，维护和补救行政相对人的合法权益，监督和保障行政主体行政职权的行使，维护社会的公正和安定，促进民主与法治的发展，都有非常重要的作用。从世界各国法治发展的进程来看，大部分国家已将行政义务不履行的救济方式纳入行政诉讼范畴，寻求司法对行政行为强制执行力的最终救济。

（一）英国

英国对行政机关不履行义务采取救济方式主要有：执行令、积极禁令、宣告令，通过这三种方式保障行政行为实行力的效用得以发挥。

执行令（Mandamus），又译为训令，是属于特权救济手段之一，是指公民向王座法庭申请以英王的名义向行政机关发出的要求其履行法定义务的命令。执行令具有极大的法律权威性，行政机关如果不执行，以藐视法庭罪论处。在英国现代判例中，下列情况可以适用执行令：要求公共机构履行交付地方税的法定义务、要求法庭委员会受理申诉、要求对教育机构间的纷争进行裁决、要求确认发放许可证的申请、要求重新

审定许可证申请、要求对某公司指定监察员、要求批准建设计划、要求交付警察退休金、要求支付教师工资、要求改造监狱条件等。执行令的运用有以下限制：（1）运用于公法义务，对按私法原则承担的义务如契约义务，不在适用范围之内；（2）不能对英王和英王的公仆发布执行令；（3）对机关内部事务亦不适用；（4）对公共机构的不履行义务的越权行为，已有其他救济手段，亦不采用〔21〕。

积极禁令，又称强制性禁令（mandatory injunction），属于阻止令中的一种，用于命令必须作出某种行为或履行某种义务。积极禁令在行政机关不履行义务的救济中通常只起着次要作用。二者都是法院发出的命令，强制行政机关履行相应的义务。但二者适用于不同领域，积极禁令是衡平法上的救济，极少适用在私法以外，执行令则是基于英国不成文法的救济方法，仅适用于公法领域。二者虽然都属法院自由裁量的救济。但对积极性禁令，法院规定了苛刻的受理条件和起诉人资格，以限制私人权利通过公法途径得到救济；执行令由于基本目的是在于防止越权和滥用权力，维护法制秩序，因此法官为避免侵害法治的嫌疑而经常颁发执行令。二者的相同处在于：（1）都可适用于行政机关一切公法上的义务，包括委任立法、一般行政机关的决定和行政裁判所的裁决。（2）都不适用于英王及作为英王代理人的臣民。但如果法律规定的权利和义务是以大臣或机构名义时，法院可以对他们发布执行令和积极禁令。曼斯菲尔德勋爵曾用总结性语言指出："强制令（执行令）是用来阻止由于法官和警察错误而造成的混乱。因此，凡属法律未规定具体补救方法，而在良好政府和司法中应有这种补救方法的场合，均应使用强制令来处理。"〔22〕

〔21〕 参见［英］威廉·韦德：《行政法》，徐炳等译，中国大百科全书出版社 1997 年版，第 312 页。

〔22〕 参见王名扬：《英国行政法》，中国政法大学出版社 1987 年版，第 188 页。

宣告令，是法院以宣告的形式宣明各当事人之间的权利义务、各自所处的法律地位。公民对于行政机关不履行义务并非在一切情况下都可请求法院予以宣告，需要区别义务的性质是否和当事人有直接的利害关系。宣告令的优点在于：适用于英王以及作为英王代理人在内的一切公共机构；行政机构的任何不履行义务的行政行为都可以成为宣告令中的对象。

（二）美国

在美国，行政违法理论与司法审查理论紧密相连。《联邦行政程序法》第701条规定，司法审查不适用于：（1）法律授权不予司法审查的行政行为；（2）法律授权行政机关自行决定的行政行为。尽管行政机构自由裁量的行为通常排除司法审查，但滥用自由裁量权的行为除外，有六种情况被美国行政法确定为自由裁量权的滥用而应接受司法复审：①不正当的目的；②错误的和不相干的原因；③错误的法律或事实根据；④遗忘了其他有关事项；⑤不作为或延迟；⑥背离了既定的判例或习惯。而这在美国《宪法》可以找到依据，该法第3条规定："司法机关有权管辖一切由宪法、法律、条约所引起的争执案件"。也就是说，法院有权对行政义务不履行案件进行司法审查。针对第五种行政义务不履行的自由裁量权的滥用情形，《联邦行政程序法》第706条规定："法院应当强制行政机关履行非法拒绝的行政行为或者不当延误的行政行为。"也就是说，对于行政机关存在不履行义务的情形时，法院可以判决强制行政机关履行其义务。此外，《联邦侵权求偿法》第1346条第6款规定："由政府官员在他的职务或工作范围内活动时疏忽或过错的作为和不作为所引起财产的破坏和损失，人身的伤害或死亡，属于美利坚合众国的侵权赔偿范围。"由此可见，对于行政机关不履行义务而造成的损失，国家予以赔偿，而这也是从结果保证行政行为强制力得以发挥。

（三）日本

日本行政诉讼法针对行政机关的不履行义务，可以作出违法确认诉讼，它指公民请求法院确认行政机关对合法申请于相应期限内，应履行某种义务而不履行属违法。此种诉讼形式作出违法确认判决，仅指出行政机关不履行义务违法，而不指明行政机关所需履行的义务内容。在日本，此种判决形式仅适用于行政机关在接受申请后未采取任何决定的情形，而不适用于行政机关对当事人明示或默示拒绝的情形，后者适用撤销判决。此类诉讼和判决目的在于排除行政机关对当事人申请置之不理的违法状态，法院审理的范围在于判断行政机关的迟延是否合理，原则不及于申请是否具有实体上的理由，当事人胜诉的核心要件是相当期间的经过而行政机关没有履行作为义务。法院判决当事人胜诉的意义也在于敦促行政机关作出答复，而不能给予行政相对人实质性救济。违法确认诉讼的目的，在于请求法院判决确认行政机关于相当期间内不履行义务系属违法，期以此促使行政机关自我纠正不履行义务的违法消极状态，积极、迅速地处理行政事务〔23〕。因此，确认诉讼的功能，仅在于确认行政机关的不履行义务系属违法而已，对判决后行政机关应否为行政行为及为如何内容的行政行为不具有任何强制力。为了弥补确认诉讼对实行力保障的缺陷，修正后的日本《行政案件诉讼法》中增加了课予义务诉讼，规定行政厅应该作出的处分或者裁决而没有作出时，以及在依据要求行政厅作出一定的处分或者裁决的法令而提出申请或者审查请求，而该行政厅应作出该处分或者裁决而没有作出时，相对人可以提起课予义务诉讼。

（四）德国

德国行政诉讼法中有五大诉讼类型，即确认无效之诉、强制履行之

---

〔23〕 参见［日］盐野宏：《行政法》，杨建顺译，法律出版社1999年版，第410页。

诉、宣告之诉、变更之诉和确认补救之诉。强制履行之诉适用于针对行政机关拒绝履行义务和针对行政机关不履行义务，其诉讼目的是要求行政法院判令行政当局履行某种义务。强制履行之诉的应用领域主要是个人要求获得一个肯定的行政行为（特别是建筑、工商、管理中的许可、同意或批准），或者得到行政上的物质给付（如社会救济、社会保障和负担平衡中的行政给付）。根据德国《联邦行政法院法》第 42 条的规定，德国对行政义务不履行的救济采用课予义务之诉（强制履行之诉的方式之一）的救济方式。所谓课予义务之诉，是指公民可以请求法院判决命令行政机关作出特定的行政行为，或者在案情尚未达到可以作出裁判时，仅命令行政机关遵照法院的见解作出行政行为。课予义务诉讼，既赋予了相对人以行政处分为标的的公法上的请求权，同时也赋予了法院通过判决，来命令行政机关应做出一定行为的司法裁判权。当争议的案情尚未达到可以作出裁判的程度时，特别是涉及自由裁量权时，法院仅能作出命令性判决。这种方式坚持了三权分立原则使司法权不至于侵害行政权，但对于行政机关是否采纳判决中所列的司法建议，应加强相应的监督，使得对公民权利的保护落到实处；当案情已经达到可以作出裁判时，法院可以作出狭义的课予义务判决，直接判决行政机关做出特定内容的行政行为。以课予义务为代表的强制履行之诉类型在于督促行政机关履行义务，通过司法来保证强制执行力的发挥。

三、支付令对强制执行力的保障

（一）支付令〔24〕的含义及在各国的运用

支付令是人民法院根据债权人的申请，督促债务人限期清偿债务的

---

〔24〕本节笔者关注于民事诉讼法对行政行为实行力的借鉴意义，而对于英美法系的借鉴，禁令的引入则放在了第三节中去考虑。

命令。它通常发生在民事诉讼的督促程序，而督促程序是指法院根据债权人支付命令的申请，不询问债务人，不对债权债务关系进行实质性审理，向债务人发出支付命令，督促债务人在法定期间内偿还债务的一种程序。如果债务人不提出异议，支付令即产生与经过通常诉讼审理的生效判决同等的效力。

支付令是随着资本主义现代商品经济发展而建立起来的。缘于经济的发展，在社会生活中人们之间金钱债务纠纷急遽增长，而其中相当多的案件债权债务关系明确，只是因不履行债务而发生纠纷。如果这些案件都按通常诉讼程序之后才能强制执行，则不仅浪费当事人和法院的人力和物力，而且不利于商品经济的发展。因而1877年德国《民事诉讼法》第一次设立了支付令制度。依据德国法律的规定，支付令适用的条件为：（1）以支付一定金额的欧元或德国马克为标的的请求，可以依申请人的申请，发出督促决定。（2）下列情形不得依督促程序办理：①债权人的请求中，按照《消费者信贷法》确定有效的或自始有效的年息超过依合同约定使用的德国联邦银行贴现率的百分之十二的；②提出的请求是以尚未履行的对待给付为条件的；③督促决定的送达要以公示时为起点。（3）督促决定必须在外国送达时，以1988年5月30日的德国《实施承认与强制执行的法律》有关规定的为限，才能按督促程序办理〔25〕。德国《民事诉讼法》第692条规定，支付令中应记载下列各项：（1）第690条第1款第1～5项所列的申请的要件；（2）指出法院对于申请人是否具有其所提出的请求权并未进行调查；（3）催告债务人，自督促决定送达之日起两周内，如认为提出的请求有理由，即应将该项债务，连同规定的利息以及金额计算的费用一并偿付清楚，或者通知法院对所提出的请求表示异议，并说明异议的程度；（4）指出：

〔25〕　参见李勇：《论督促程序》，中国政法大学2003年硕士学位论文。

如果被申请人不在期间内提出异议，就可以按督促决定发出执行决定，申请人就可据以请求强制执行；（5）如附有表格时，指出：可以用所附的该种表格提起异议，此种表格可以在任一初级法院取得并填写；（6）预告其如有异议时，应将案件提交某一法院，并指出此法院仍将调查案件的管辖问题。〔26〕

在日本，日本《民事诉讼法》第382条规定："对于以给付金钱和其他代替物或有价证券的一定数量为标的的请求，法院书记官根据债权人的申请，可以发出督促支付。但是限于在日本国内，不以公告送达可以进行该送达的为限。〔27〕"

我国在《民事诉讼法》和《最高人民法院关于适用督促程序若干问题的规定》中都对支付令的要件作出了规定，归纳总结为以下几点：（1）请求给付的必须是金钱或汇票、本票、支票以及股票、债券、国库券、可转让的存款单等有价证券；（2）请求给付的金钱或有价证券已到期、数额确定且非违法所得；（3）债权人和债务人之间没有其他债务纠纷且债权人没有对待给付义务；（4）支付令能够送达债务人；（5）给付金钱或有价证券的证明文件如果没有约定逾期给付利息或者违约金、赔偿金的，债权人不要求给付利息或者违约金、赔偿金的；（6）债权人申请支付令之前或同时，未向人民法院申请诉前保全。

通过对各国支付令制度的考察，可以发现支付令一方面可以方便当事人实现其权利，减少当事人的讼累，另一方面便于人民法院办案，使得法院能够省时省力地处理债务纠纷、维护正常的经济秩序。

（二）支付令引入行政行为实行力的可行性与必要性

首先，在行政行为实行力理论中，对于行政相对人义务的不履行，

〔26〕《德意志联邦共和国民事诉讼法》，谢怀栻译，中国法制出版社2001年版，第175～176页。
〔27〕《日本新民事诉讼法》，白绿铉译，中国法制出版社2000年版，第125页。

强制执行力可以通过行政机关自行强制执行或者非诉行政执行来发挥其效用，而对于行政义务的不履行，行政相对人却必须经过起诉、法庭审理、一审判决、上诉、终审判决等一系列程序之后才能对行政义务进行强制执行。这在制度的构建上明显的不利于行政相对人权利的实现，而且同为行政行为强制执行力，却因主体的不同而对其效用的发挥采取两种标准，这与实行力所主张的平等理念相悖。既然存在行政非诉执行，并且其正当性与合理性已经在理论与实务中得以充分证明，那么支付令在行政行为实行力中的引入也应当得以肯定。以上述四川汶川地震中的救助金为例，当行政机关通过一定程序确定了某行政相对人为“三孤”（孤儿、孤老、孤残）人员时，却没有按照规定给予每月 600 元的救助金时，行政相对人如果按照行政诉讼程序提起履行之诉时，无论结果如何，这种司法程序无疑都不能给相对人完整的救济。如果在行政行为实行力理论中引入支付令，既可以保障强制执行力发挥其应有的效用，也可以对行政相对人的权利真正起到救济的作用。

其次，就实行力理论中的行政义务本身而言，其产生有两种情形，其一是来源于行政机关自己单方作出的行政行为，该义务是行政主体为自己所设定的，是基于行政主体的意思表示而产生的义务；其二是行政主体与行政相对人通过合意而约定的行政义务，也是基于行政主体自己的意思表示而产生的义务。申言之，从行政义务角度而言，行政主体通常对行政义务的存在并无异议，之所以产生纠纷，只是因为行政主体故意不履行义务或拖延履行义务，使得行政相对人的权利不能实现。因此行政主体对该义务的履行具有必然性，而如其不履行义务，那么通过司法强制其履行义务也是行政主体理应承受的结果，因而支付令的运用具有合理性。

最后，支付令可以更快捷地使强制执行力的效用得以发挥。在支付令运行的过程中，法院对当事人之间是不是存在权利义务关系，不进行实质性审查，而采取形式审查的原则。根据这个原则，行政相对人对其请求不必承担实质的举证责任，他所提供的证据只要表面可信、形式上能够成立即可。法院对适用支付令程序的案件无须作出实体判决，经过形式审查，如果行政相对人的申请不成立，裁定予以驳回；如果申请成立，即发布支付令。故支付令无须履行通常诉讼程序周密烦琐的程式，有利于行政相对人权利的尽快实现。而且按照制度经济学的观点，通过资源的合理配置，可以使其最大限度地利用，从而降低交易费用；通过交易费用在各交易主体之间的合理负担，可以使交易主体在交易时认真权衡利弊，以便决定其是否交易和怎样交易。就支付令制度而言，行政相对人以简便的方式、快速的效率，即能取得执行根据，这就节省了当事人与法院的人力、物力、财力和时间，有效减轻了他们的负担和讼累，花费少效率高实现权利快，具有明显的经济性。由此可见，支付令既可以节约诉讼资源，又可以使行政义务迅速通过执行手段得以履行〔28〕。

（三）支付令实施的条件

支付令是源于民事诉讼法中的督促程序，行政行为实行力在引入支付令的过程中，必须得对支付令的实施确立一定的规则，即应当明确其实施的条件。

首先，行政相对人申请的支付令必须是以支付一定金钱或其他有价证券或一定数量的种类物为给付标的的请求。这一条件限定符合支付令程序简易、迅速实现相对人权利的制度设计要求。

其次，请求给付的金钱或者有价证券已到偿付期且数额确定，并写明请求所根据的事实、证据。首先义务的履行必须已经到期。在行政主体的自行履行期间，行政相对人不能向法院申请支付令，只有自行履行

〔28〕 参见李勇：《论督促程序》，中国政法大学2003年硕士学位论文。

期限届至时，行政相对人才有权通过司法强制行政主体履行给付义务。必须强调的是，行政相对人对于要求给付的金钱或有价证券的数额是确定的，即行政主体应履行的义务内容是确定的。

最后，行政相对人应向有其住所地基层法院申请支付令。由行政相对人住所地基层法院管辖，其理由是支付令运行的督促程序既不需经过法庭审理，也不需调查证据，而且行政主体对该行政义务也是基本认可的。因此由行政相对人住所地基层法院管辖可以更加便捷地使行政相对人的权利得以实现，强制执行力的效用得以发挥。

第三节　行政行为实行力的司法阻却：相对人权利的救济

罗马法谚："有权利即有救济"，换句话说，"没有救济的权利不是真正的权利"。[29] 这一法治理念对以行政行为实行力，特别是强制执行力为内涵的行政性强制执行同样适用。依据行政行为实行力理论，设定行政相对人义务的行政行为具有自行履行力和强制执行力，当行政相对人在自行履行阶段不主动履行义务时，强制执行力就会发挥其效用，行政主体将对其强制执行。但当行政相对人认为为其所设定的义务属于违法时，为了避免强制执行对其权利造成的现实损害，就应当由司法机关通过强制执行与否的裁判对行政相对人的权利进行救济。申言之，行政主体为了维护社会与国家的正常秩序可以采取行政强制执行，但行政强制执行存在滥用的可能，为了防止行政强制执行对相对人的合法权益的损害，就离不开司法的救济。

〔29〕 朱新力主编：《外国行政强制法律制度》，法律出版社 2003 年版，第 86 页。

一、相对人权利司法救济的理论依据

（一）相对人权利司法救济是行政法治的基本要求

法治是人类文明发展的结晶，也是社会进步的历史选择。英国法学家戴雪认为，法治包含三个方面的内容：（1）法律至上即相对于恣意的权力，普通法具有绝对优越的地位；（2）法律面前人人平等，包括政府在内的一切人，都必须服从国家的同一法律和统一法院，即接受普通司法法院审判；（3）法治行政不仅意味着法和行政之间形式上的关系，而且意味着对法内容的规制，即不得以行政权对人民的权利和自由加以限制或侵害，否则，可以从法院获得救济。[30] 英国著名行政法学家韦德在其名著《行政法》一书中，对现代行政法治作了较为深刻的论述，他认为法治的核心就是依法行政，并且具体分析了法治的多重含义。他认为，法治的基本含义或第一层含义是，任何事情都必须依法进行，即合法性原则，将此原则适用于政府时，它要求政府行使权力的所有行为，即所有影响他人法律权利、义务和自由的行为都必须有严格的法律依据。否则，他们的行为就是行政侵权行为，行政相对人就可以寻求行政救济来保护自己。法治的第二层含义是，政府必须根据公认的、限制自由裁量权的一整套规则和原则办事。在现代政府不得不享有广泛的自由裁量权的同时，法治的实质就在于为防止自由裁量权的滥用设计一整套的规则体系。法治的第三层含义是从第一层含义中推演出来的，它就是对政府行为是否合法的争议应当由完全独立于行政之外的法官裁决。法治的第四层含义是，法律必须平等地对待政府和公民。但是，既然每个政府必须拥有特别权力，显然就不可能对二者同等对待。法治所需要的是，政府不应当在普通法律上享有不必要的特权和

〔30〕［英］戴雪：《英宪精义》，雷宾南译，中国法制出版社2001年版，第232～245页。

豁免权[31]。我国学者认为，法治包括五个方面：一是法律的价值目标多元性；二是法律必须约束国家权力；三是法律主治和法律的普遍性、公开性等；四是法律有至高无上的权威；五是司法独立。[32]

学者们对法治内涵的认识尽管存在差异，但是都认为“法律至上”、“司法中立”是法治的基本要求，其核心理念是通过权力的分立和司法救济达到权力的制约与权利的保障，即除了对行政权力运用者的制约及监督外，对行政权力运用可能带来的侵害进行救济也很重要。若行政权力的非法或不当运用对行政相对人带来的侵害得不到很好的救济，这无疑与法治行政相悖。因此，在以强制执行力为内涵的强制执行中，依法行政不仅要求行政执行权的确立和行使都必须有宪法和法律的依据，而且还要求行政主体在行使行政职权时以不损害行政相对人的合法权益为前提，一旦造成相对人合法权益的损害，必须提供适当的救济途径，给予公正、及时、合理的救济。

（二）司法救济权是行政相对人的基本权利

司法救济权是指公民在认为自己的宪法权利和法律权利受到侵害或与他人权利发生争议时，或者在面临刑事指控时，享有的要求法院启动审判程序，予以公正审理，做出公正裁判的权利。就司法救济权与实体人权的逻辑关系而言，两者是救济与被救济的关系，离开司法救济权，公民享有的实体人权受到侵害后难以得到司法机关及时、有效和公正的救济。因此，其在人权体系中占有极为重要的位置[33]。司法救济是法治国家公民权利救济的最后方式，也是保障公民权利的最终防线。

---

〔31〕［英］威廉·韦德：《行政法》，徐炳等译，中国大百科全书出版社 1997 年版，第 25～28 页。

〔32〕卓泽渊主编：《法理学》，法律出版社 1998 年版，第 356 页。

〔33〕夏勇：《中国宪法改革的几个基本理论问题》，载《中国社会科学》2003 年第 2 期。

行政权在服务行政的范式中主要是服务于行政相对人，尽可能维护和保障相对人的权利。相对人的权利是其赖以生存和正常参与社会生活、进行社会活动的基础，权利本身不具有强制性，不能直接制止侵权损害，在权利实现受阻的情况下，必须给予一定的救济。故救济权是在“原权”受损害的情况下，所产生出来的“第二性权利”。而且行政权作为行政主体所拥有的权力，其运行同时也存在侵害相对人权益的可能。这种可能性决定了对行政权的行使可能造成的损害必须给予救济，以防止其违法或不当地侵害相对人的合法权益〔34〕。因此，行政行为实行力司法救济是对相对人合法权益受到行政强制执行带来的侵害起到救济的作用，也间接规制行政机关对行政权的使用。

二、英、美国家行政行为实行力的司法阻却

（一）英国

英国司法审查中的救济手段可以分为公法上的救济手段和私法上的救济手段。前者又称特权的救济手段，因为它是由高等法院王座分院发出特权令审查行政决定的效力。后者又称一般的救济手段，因为它适用于所有的诉讼，当然包括适用于行政机关违法的决定〔35〕。对于强制执行力在发挥效用过程中可能对公民造成人身财产的损失，英国早在19世纪就规定了特权令状的司法救济形式，主要有禁令和人身保护状。

英国司法审查中的禁令制度，分属于公法救济和私法救济。公法救济中的阻止令（prohibition）是高等法院王座分院对低级法院和行政机关所发出的特权命令，禁止它们的越权行为。阻止令最初是为了阻止下级法院或裁判所超越其职权或者违背自然公正原则行事等目的而签发

〔34〕 毕可志：《论行政救济》，北京大学出版社2005年版，第51页。
〔35〕 王名扬主编：《外国行政诉讼制度》，人民法院出版社1991年版，第324页。

的，并且确实存在某些能够阻止未遂的行为〔36〕。17 世纪时，英国王室曾经广泛应用禁止令来确定管辖权，解决各法院及部门之间在管辖权上的争议。现在，禁止令则已成为禁止行政当局超越权限、滥用权力的手段。它特别用于禁止许可证发放单位制定违反法律的规定和发放违反法律行为的许可证。在英国，现代典型的例子是运用该阻止令（prohibition）阻止了供电局实施其权力以外的一项计划；阻止了一项因违反自然公正原则而被宣布无效的决定的实施；制止了一个房管局拆毁一幢不该拆毁的房屋的要求；阻止了一个租金裁判所审理在它裁判权力以外的一起案件〔37〕。颁发禁令不针对任何个人和私人组织，而只针对所有行政机关、行政裁判所和司法机关。英国是议会至上的国家，法院不能针对立法机关颁发禁令。禁令具有极大的法律权威性，不服从者即以藐视法庭罪论处〔38〕。私法救济中的阻止令或禁制令（injunction）是法院要求一方诉讼当事人不为一定的行为或为一定的行为的命令，前者为消极性质的禁令（prohibitory injunction），阻止违法行为的发生或继续存在；后者为积极性质的禁令（mandatory injunction）。阻止令原为衡平法上的制度，是一种由大法官法院发出的、禁止私人和私人团体的违法行为的命令。到了 1854 年，英国通过立法把普通法院与衡平法院合并在了一起。阻止令后来扩大适用于公法关系，用以防止任何侵权行为或违约行为的发生或继续。

人身保护状是一项在剥夺个人自由的公法或者私法诉讼中的重要救济手段，其本质在于法院可以有效迅速地决定某个人的拘禁的合法性的程序。它从 16 世纪以来就是人身自由的基石，从中世纪的一种令状中衍生而来。人身保护状起初在程序法中的作用并不显赫，后来被国王和

〔36〕 张越：《英国行政法》，中国政法大学出版社 2004 年版，第 699 页。
〔37〕［英］威廉·韦德：《行政法》，徐炳等译，中国大百科全书出版社 1997 年版，第 288 页。
〔38〕［英］威廉·韦德：《行政法》，徐炳等译，中国大百科全书出版社 1997 年版，第 272 页。

枢密院用来对拘押进行质疑，最后演变成了可以检验任何监禁的合法性的标准程序。1938 年，英国的司法对申请调卷令、禁止令和执行令这三种特权救济的程序进行简化，称为特权令。但没有变更申请人身保护状的程序和名称，仍然称为特权状。在这种救济程序中，被拘禁人或其代理人无须通知执行拘禁和作出拘禁决定的对方当事人，而单方面向高等法院王座分院提出申请。尽管法官及学者们经常强调人身保护状作为一种为被拘禁者提供迅速的司法救济途径的重要性，但是，这一救济手段的有效性在许多情况下取决于公共当局所拥有的制定法上的权力的广度，以及法院对基于这些广泛的制定法上的规定所作出的决定进行审查的意愿。因此，这种迟钝的救济手段已经随着司法审查逐渐发展成为一种更灵活的救济手段而日渐式微。〔39〕

（二）美国

美国是采取法院进行行政强制执行的模式设计，法院有权审查行政机关的行政行为，对影响公民基本权利的重大措施只能由法院采取。但是这种模式并不排除在特殊情况下由行政机关自力执行，自力执行程序是一种例外的行政执行程序，行政机关可以迅速采取行动，免除一般行政程序可能受到的束缚。这种执行方式对公民的自由和财产，带来极大的危害。所以法律只在极有限的范围内，而且出于公共利益的迫切需要时，才允许这种执行方式存在。这种执行方式由行政机关以实行力直接实现执行目标，不需要法院的支持。然而，不能认为这种执行方式和法院完全无关。因为行政机关的简易执行行为是否符合法律规定，是否超过必要的范围，仍然处在法院的监督下〔40〕。

对于行政机关自力执行，美国法院可以通过成文法规定对自力执行

〔39〕 张越：《英国行政法》，中国政法大学出版社 2004 年版，第 697 页。

〔40〕 参见胡建淼：《行政强制》，法律出版社 2002 年版，第 278 ~289 页。

进行司法审查，在没有成文法规定时或者所规定的审查不能给予适当的救济的时候，可以通过非法定审查（non-statutory review）对实行力进行救济。非法定审查主要有禁止状和制止状：禁止状作为特权状的一种，是法院根据当事人的申请，命令下级法院、行政机关或官员不执行或停止执行违法的决定，其适用范围和提审状（又可译为“调卷令”）相同。但提审状是在决定作出后或执行完毕时发出的特权状，用以审查该决定的合法性并撤销违法的决定，禁止状只能用于作出决定前和执行中的决定，且禁止状只能适用于司法性质的行为。制止状（injunction）是法院为了避免损害的发生或继续，命令行政机关或官员停止执行某种违法行为，或采取某种依法必须执行的行为。前者称为禁止性质的制止状（prohibitory injunction），制止违法行为的实施；后者称为命令性质的制止状（mandatory injunction），命令执行必须执行的义务。它是衡平法上的救济途径。美国最高法院认为，如果行政机关的命令产生不可弥补的损害，而且没有适当的补救方法时，可以适用衡平法上的制止状作为审查和救济的手段〔41〕。

三、我国行政行为实行力的司法阻却

（一）行政行为实行力司法救济的现状

在我国，行政行为实行力的司法救济，是指公民、法人或其他组织认为行政行为强制执行力的发挥效用时侵害自己的合法权益时，依法向人民法院提起诉讼请求，并由人民法院对该强制执行力的呈现形式行政强制执行进行审查并作出裁判的活动。因行政强制执行措施而提起行政诉讼可以分为两种情况：一是，如果行政强制执行措施所实现的完全只是原某项具体行政行为所决定的义务，而未导致产生新的义务，那么该

〔41〕 王名扬：《美国行政法》，中国法制出版社 1995 年版，第 569～580 页。

行政强制执行措施只能是原某项具体行政行为的一个有机组成部分，即具体行政行为的执行部分，公民、法人或者其他组织不服的，只能对原某项具体行政行为起诉而不应对保障其实现的行政强制执行措施起诉。二是，如果行政强制执行措施在实现原某项具体行政行为所决定的义务的同时，又导致形成了新的义务，那么就新的义务而言，该行政强制执行措施就是一项新的具体行政行为，公民、法人或者其他组织对此不服的，可以单就该行政强制执行措施提起诉讼。[42]

在行政行为实行力司法救济过程中，原告是主观上认为其合法权益受到行政强制执行侵害的公民、法人或其他组织，被告是原告认为其行政强制行为侵害原告合法权益的、具有国家行政职权的行政主体，包括继受被告资格的其他行政主体。人民法院的司法救济活动不仅包括行政争议的审查裁判，也包括对原告起诉的程序性审查、决定、裁定等诉讼活动。人民法院通过法定程序，审查原告的合法权益是否受到行政强制执行的侵犯，根据事实和法律进行裁判，判决的类型共有八种：《行政诉讼法》规定了驳回原告诉讼请求判决（第69条），撤销判决（第70条），履行判决（第72条），给付判决（第73条），确认违法判决（第74条），确认无效判决（第75条），变更判决（第77条）。1999年《最高人民法院关于执行〈中华人民共和国行政诉讼法〉若干问题的解释》第57条规定了确认具体行政行为合法或者有效的判决。

此外，在行政诉讼的过程中，原则上规定了起诉不停止执行，但也存在例外。我国《行政诉讼法》第56条规定了诉讼期间行政行为有条件停止执行的制度，“诉讼期间，不停止具体行政行为的执行。但有下列情形之一的，裁定停止执行：（一）被告认为需要停止执行的；（二）原告或者利害关系人申请停止执行，人民法院认为该具体行政行为

---

〔42〕 马怀德：《行政法与行政诉讼法》，中国法制出版社2000年版，第310页。

为的执行会造成难以弥补的损失，并且停止执行不损害社会公共利益、社会利益的；（三）人民法院认为该行政行为的执行会给国家利益、社会公共利益造成重大损害的；（四）法律、法规规定停止执行的。”

（二）阻止令（禁令）的引入：以拆迁为例

通过对英、美、我国行政行为实行力司法救济的论述，可以发现由于行政强制执行的不同，各国的法律救济途径也各具特色，但其根源都是为了对行政相对人的权利进行救济。行政权力的增长需要发展出各种各样正式的和非正式的限制，以确保权力得到合宪、合法与合理的行使。司法审查是防止行政权力专断、不适当运用的最重要的正式保障措施之一〔43〕。行政机关为促使不履行义务的相对人履行义务，不可避免地会对相对人的人身、财产、行为和精神等方面的权利和自由进行限制或剥夺，而这些强制方式一旦被错误地使用，则必将对相对人的权益造成侵犯。同时，我国的强制拆迁实践也表明，滥施行政强制执行的现象不仅没有绝迹，而且在一定的时间和一定的范围内，还有频发和多发的可能性。为了保护合法的权利和社会的和谐，在强制执行力中，必须给予相对人充分的法律救济。朱正亮家房屋被拆的案例就是强制执行力错误发挥效用而引发的一场悲剧：

朱正亮家被拆房屋位于安徽省青阳县蓉城镇临城南路东侧临西新村93号（属蓉城镇城西村第八村民组），1998年经规划部门批准后建成。该房为主体二层的平顶砖混结构住宅楼，建筑面积共269.44平方米。两年后的9月，这一地块被列入了旧城改造范围。

2001年1月起，青阳县征迁安置公司开始对朱正亮同一地段的28户拆迁对象实施房屋拆迁工作。由于朱正亮拒不与拆迁方签订协议，青

〔43〕 Florence Heffron & Neil McFeeley, The Administrative Regulatory Process, Longman, 1983, p. 293.

阳县建设局根据县政府青政秘〔2001〕66号文件批复，于2002年1月11日以青建设〔2002〕05号文件向朱正亮户发出了《限期拆迁通知书》，要求朱正亮户必须在2002年1月18日前将房屋搬迁拆除完毕，逾期则实行强制拆迁。朱正亮一家明确列出了三条要求：一是要求在原居住地按规划重建；二是按国务院305号令《城市房屋拆迁管理条例》第二十五条规定，在被拆迁人的所在地段实行1∶1产权调换，即拆底层返还底层（门面房）、拆二层返还二层；三是对自留地（菜地）进行补偿。但池州市有关部门却认为，这些要求不符合县政府拆迁安置的有关规定，不予支持。

2002年1月22日早上，朱正亮像往常一样出门去建筑工地打零工，家里只有吴春娥和朱仁杰母子俩。9时左右，朱正亮家突然出现了100多个人。他们冲进朱正亮家后就往家具上贴写着“二〇〇二年元月二十二日封”的封条。当吴春娥上去阻拦时，就有七八个人把她按住了，往外拖，一直拖到有将近一百米远的隔壁邻居家门口，拖得全身流血。朱仁杰跑出门外想去喊亲戚，可没跑出500米，也被追上来的人按倒在地。随后，母子二人被强制带到一辆车上。随即朱正亮家的房屋就被推倒成为一片废墟。望着残垣断壁，朱正亮开始了漫长的五次上访之路，但等来的依然是无望的结果。于是在2002年9月15日早晨，朱正亮便在北京的上访过程中，在北京天安门金水桥前点燃汽油自焚。[44]

就上述案例，笔者不愿过多的纠缠于执行程序、执法方式等问题，单从行政行为实行力理论而言，青阳县建设局送达拆迁决定的时间是在2002年1月11日，作出强制执行的时间是2002年1月22日，2002年1月18日是朱正亮家人的自行履行阶段。如果朱正亮家人在受到拆迁决定时提起了行政诉讼，但通过现有的诉讼程序也很难对其进行救济，这

〔44〕《东方早报》2003年9月22日第4版。

样的例子在拆迁中还有很多[45]。在行政拆迁决定生效的情况下，即使行政机关尚未正式作出某项行政活动，但事态已经十分明朗，公民有足够的证据证明该即将作出的行政活动违法，并将对其造成严重的、难以恢复的损害，此时，应当给予行政相对人救济制度上全面保护，阻止强制执行力的效用发挥。而现行的起诉停止执行既不是一项专门的诉的类型，无法单独的启动，也不是诉讼过程中的原则，仅仅是以原则的例外得以存在，这就造成了我国司法制度无法给予行政相对人及时、有效的权利救济。也就是说，即使司法权介入，也很难及时制止明显违法的行政强制执行发生，无法实现防患于未然。

他山之石，可以攻玉，从对英美国家实行力司法救济的观察，英美国家的阻止令制度之所以成为其法律制度中极为重要的构成源于它自身的优越性，而这种优越性体现在它对于受害人救济的及时性，并且损害赔偿救济本身对于受害人救济的不完整也进一步论证了这种优越性。“阻止令（injunction）就像针对私人一样，随时可用以针对公共机构，常常颁发来禁止错误的或违法的行为……有许多情况防止比救治更好。为了在真正发生之前阻止可能的错误行为，就得判予永久性禁止令或者临时性禁止令。而且，救济本身必须是具体而明确的，这样，最终性禁

[45] 2003年3月31日，武汉市三眼桥的一片地皮被开发商三江公司买下。由于开发商和住户在赔偿金额上发生了争论，为了强行拆除房屋，致使两位老人住院接受治疗。2003年8月22日，翁彪在南京市玄武区邓府巷拆迁指挥办公室点燃了自己浇满汽油的身体；同区的被拆迁户陈五郎也有着被步步紧逼，最终割腕自残以保卫家园的惨痛经历。12月31日，在建设部通报的6起违规拆迁典型案例中，也有两起充满了暴力色彩：内蒙古自治区呼和浩特市城乡建设拆迁公司强制拆迁，砍断户主双腿；北京市万柳房地产开发有限责任公司深夜将北京海淀区长春桥的拆迁户大刚一家捆住手脚并蒙眼堵嘴扔到门外，用推土机将其房屋夷为平地。沈阳市和平区被拆迁户董国明在拆迁过程中，遭到拆迁公司野蛮拆迁，因不满拆迁公司的补偿款，不肯搬离，被拆迁公司用钉枪封门，在房间中被关26天，生存遇到威胁。2004年，湖南省郴州市嘉禾县更是发生了强制拆迁的株连事件。在当地的珠泉商贸城开工仪式上打出“谁不顾嘉禾的面子，谁就被摘帽子”、“谁工作通不开面子，谁就要换位子”、“谁影响嘉禾一阵子，我就影响他一辈子”的大标语。

止令可以结束错误行为，而不是仅仅用金钱评估它。因此，这种救济提供了一种既能检验某未来行为的法律有效性，又能阻止已经开始的某些过错行为继续发展的方法。”[46]

阻止令制度的存在有它的历史基础，对于我国立法与实践的意义在于该制度体现的人文精神，如何构建相应的法律制度还需要结合中国的国情与相关制度做更慎重的思考和选择。我国知识产权的司法救济在阻止令引入上开了先河，依据 TRIPs 协议的要求，我国第三次修改的《专利法》第 66 条规定了诉前停止侵权的制度：“专利权人或者利害关系人有证据证明他人正在实施或者即将实施侵犯专利权的行为，如不及时制止将会使其合法权益受到难以弥补的损害的，可以在起诉前向人民法院申请采取责令停止有关行为的措施。”这有些类似于英美法上的临时阻止令制度。由于我国现行的诉讼法律体系中并没有相应的规定，《专利法》第 67 条系以实体法的形式，在我国民事诉讼法中创设了这一法律制度，也说明我国有关临时阻止令制度的立法开始与国际接轨，这为我国的实行力司法阻却[47]提供了很好的借鉴范本。

---

〔46〕［英］威廉·韦德：《行政法》，徐炳等译，中国大百科全书出版社 1997 年版，第 236 页。

〔47〕由于本书是着重研究行政行为实行力的，故对司法制度构建不作过多论述。笔者认为，为了保障相对人的权利，我国法院当下可以通过增加裁定禁止的方式实现对行政行为实行力的阻却。由于我国《行政诉讼法》第 56 条规定了诉讼期间行政行为有条件停止执行的制度，因而在制度构建中，对于行政行为实行力适用禁止裁定条件应当作比较严格的限制。

结论

一、行政行为实行力是对执行力的继承与发展

民主思想的激荡，福利国家的出现，使得公共行政不断地向社会保障、资金补助行政等服务行政方面扩展。也许在现代，政府任务最重要的变化是那些涉及经济管理和提升社会福利的变化[1]。为了与服务行政及其引起的众多转变相适应，就需要对行政行为效力中执行力理论进行改良。执行力理论中的权力本位、管理本位、政府本位已明显滞后于时代的潮流，实行力理论的出现从观念上契合了从权力本位到权利本位转变、从管理到服务的转变、从政府本位到公民本位的转变。行政行为实行力将其内容分为即时实行力、自行履行力、强制执行力，突破了以往执行力理论的一元的强制执行力模式，极大地丰富了行政行为效力理论。

如果为了与传统的执行力理论相适应，而将执行力仅限于设定相对人义务的行政行为，这无疑是因循守旧，不利于行政法学的发展。如果仍沿用行政行为执行力理论也无法对服务行政下的行政行为进行对应或解释，这就需要一种新的效力理论，而实行力的提出克服了执行力的诸多弊端。因此，行政行为实行力是对执行力的继承与发展，是解决行政

〔1〕 Martin Loughlin, The Idea of Public Law, Oxford, 2003, p. 9.

行为效力理论与行政法治实践之间困境的理性选择。

二、行政行为实行力彰显了服务行政的基本理念：平等、协商、合作

依据人民主权的理论，行政主体是人民的服务者，人民既可以委任他们，也可以撤换他们。人民主权理论中是隐含着服务精神，即如果行政主体不服务于行政相对人，那么人民就可以收回本属于人民的权力。平等、合作、协商是服务行政中的基本理念，而行政行为实行力对这三者都有所彰显。平等是一个具有多种不同含义的多形概念，博登海默认为它所指的对象可以是政治参与的权利、收入分配的制度，也可以是不得势的群体的社会地位和法律地位，它的范围涉及法律待遇的平等、机会的平等和人类基本需要的平等。[2] 平等原理是近现代法学理论的基础，同样也是服务行政服务的法理基础，而平等理念在实行力理论中主要表现为行政主体与相对人平等地位的确认。在行政法律关系中，行政相对人所拥有最重要的权利是平等权，否则行政相对人与行政主体之间必然表现为一种管理与被管理者的关系。平等的理念要求行政行为双方都需要履行相应的义务，当有任何一方不主动履行其义务时，强制执行力就会发挥其效用。这与传统的执行力理论只要求行政相对人对义务的履行、强制执行力不能对行政主体发挥效用相比，无疑是一种进步。

在服务行政的语境下，实现公共行政目标的手段主要依靠行政机关与行政相对人之间的对话、沟通，从而通过协商来共同实现目标，而行政行为实行力的存在其最大意义也在于保障公共行政目的的实现。福斯多夫认为，依"生存照顾"即服务观念，相对人具有对服务的"分享权"。"这个'分享权'的问题，也就成了在国家公权力范围下了。"[3]

---

〔2〕［美］E. 博登海默：《法理学——法律哲学与法律方法》，邓正来译，中国政法大学出版社1999年版，第285页。

〔3〕叶必丰：《法学思潮与行政行为》，载《浙江社会科学》2000年第3期。

申言之，个人参与的方式强调的不是国家与个人之间的对抗关系，而是行政机关与行政相对人之间的积极协商。在行政行为实行力理论中，其追求通过协商而达到行政义务的自行履行。协商程序的运用，不仅同样可以达到执行的目的，而且其较之于正式程序的简便、快捷以及当事人主动服从之优越性，也使得有限的执行资源得以做出最有效的利用〔4〕。因此，通过行政机关与行政相对人之间的积极协商，更有利于行政行为的实施得到双方当事人的支持，这就可以减少实行力发挥效用过程中的摩擦，并降低行政行为实施中的行政成本，保证公共行政目的得以顺利实现。

哈贝马斯认为，人民主权的意义是一切政治权力都来自于公民的交往权力。〔5〕而行政行为就是行政主体与行政相对人的交往方式之一，这种交往需要主体之间互相合作以共同完成某项任务。申言之，行政行为就是行政机关与行政相对人双方互动的一种行为，是双方为了一定的目的共同行动的活动。实行力理论强调行政行为双方都各享有合作的权利和负有合作的义务，这与传统执行力理论将行政机关与行政相对人之间的关系理解为命令服从的关系截然不同。在行政行为中，不仅行政相对人需要履行义务和积极配合，行政机关同样需要履行其相应的义务并给予相对人一定的配合，而且这种配合、合作是建立在对合作协议和双方利益的深刻理解和尊重的基础之上的。只有在一方当事人拒不履行合作义务时，才能通过强制执行力发挥效用的方法实现公共行政的目的。

三、行政行为实行力研究是对行政行为效力理论的部分完善

行政行为是大陆法系行政法学的核心范畴，效力是行政行为的生

〔4〕朱新力主编：《外国行政强制法律制度》，法律出版社 2003 年版，第 30 页。

〔5〕［德］哈贝马斯：《在事实与规范之间——关于法律和民主法治国的商谈理论》，童世骏译，生活·读书·新知三联书店 2003 年版，第 207 页。

命。然而无论是行政行为本身，还是建立在其基础之上的效力理论体系，都面临着理论困境。一篇博士论文无力于对如此多的理论困境作一一的研究，仅仅选择了作为效力内容之一的执行力为研究的对象，而这对于整个效力体系完善是远远不够的。在某种程度上效力体系需要进行修补、乃至在一定范围内的彻底大修，正如P. S. 阿蒂亚所言：

法律是一部极其复杂和具有社会性的机器。它不断地需要修补、校正，并且有时在这一或那一范围需要彻底大修。[6]

---

〔6〕［英］P. S. 阿蒂亚：《法律与现代社会》，范悦等译，辽宁教育出版社、牛津大学出版社1998年版，第228～229页。

参考文献

一、中文资料

（一）著作类

1. 王名扬：《法国行政法》，中国政法大学出版社 1988 年版。
2. 王名扬：《英国行政法》，中国政法大学出版社 1987 年版。
3. 王名扬：《美国行政法》，中国法制出版社 1995 年版。
4. 罗豪才主编：《行政法学》，中国政法大学出版社 1999 年版。
5. 罗豪才、应松年主编：《行政诉讼法学》，中国政法大学出版社 1990 年版。
6. 应松年主编：《当代中国行政法》，中国方正出版社 2005 年版。
7. 应松年、朱维究主编：《行政法与行政诉讼法教程》，中国政法大学出版社 1989 年版。
8. 朱维究：《行政行为的司法监督》，山西教育出版社 1997 年版。
9. 姜明安主编：《行政法与行政诉讼法》，北京大学出版社、高等教育出版社 1999 年版。
10. 江必新：《中国行政诉讼制度之发展：行政诉讼司法解释解读》，金城出版社 2001 年版。
11. 孙琬钟、江必新：《行政管理相对人的权益保护》，人民法院出版社 2003 年版。
12. 江必新：《中国行政诉讼制度的完善——行政诉讼法修改问题实用研究》，

法律出版社 2005 年版。
13. 马怀德主编:《中国行政法》,中国政法大学出版社 1997 年版。
14. 马怀德:《行政法制度建构与判例研究》,中国政法大学出版社 2000 年版。
15. 马怀德主编:《行政诉讼原理》,法律出版社 2003 年版。
16. 张树义:《寻求行政诉讼制度发展的良性循环》,中国政法大学出版社 2000 年版。
17. 张树义:《变革与重构:改革背景下的中国行政法理念》,中国政法大学出版社 2002 年版。
18. 张树义:《行政合同》,中国政法大学出版社 1994 年版。
19. 薛刚凌:《行政诉权研究》,华文出版社 1999 年版。
20. 刘莘:《行政法热点问题》,中国方正出版社 2001 年版。
21. 刘莘主编:《中国行政法学新理念》,中国方正出版社 1997 年版。
22. 刘善春:《行政诉讼价值论》,法律出版社 1998 年版。
23. 杨海坤、章志远:《中国行政法基本理论研究》,北京大学出版社 2004 年版。
24. 许崇德、皮纯协主编:《新中国行政法学研究综述(1949~1990 年)》,法律出版社 1991 年版。
25. 胡建淼:《行政法学》,法律出版社 1998 年版。
26. 胡建淼主编:《行政违法问题探究》,法律出版社 2000 年版。
27. 胡建淼:《行政强制》,法律出版社 2002 年版。
28. 翁岳生主编:《行政法》,台湾翰芦图书出版有限公司 1998 年版。
29. 翁岳生:《行政法与现代法治国家》,台湾大学法学丛书 1993 年版。
30. 翁岳生:《法治国家之行政法与司法》,台湾月旦出版社 1994 年版。
31. 程明修:《行政法之行为与法律关系理论》,台湾新学林出版股份有限公司 2005 年版。
32. 李震山:《行政法导论》,台湾月旦出版社 1998 年版。
33. 蔡震荣:《行政执行法》,台湾元照出版公司 2002 年版。

34. 罗传贤：《行政程序法基本原理》，五南图书出版公司 1982 年版。
35. 朱新力：《行政违法研究》，杭州大学出版社 1999 年版。
36. 朱新力主编：《外国行政法律强制制度》，法律出版社 2003 年版。
37. 王泽鉴：《民法学说与判例研究》（一），中国政法大学出版社 1998 年版。
38. 蔡震荣：《行政法理论与基本人权之保障》，五南图书出版公司 1999 年版。
39. 叶必丰：《行政行为的效力研究》，中国人民大学出版社 2002 年版。
40. 叶必丰：《应申请行政行为判解》，武汉大学出版社 2000 年版。
41. 杨建顺：《日本行政法通论》，中国法制出版社 1998 年版。
42. 杨解君：《行政法学》，中国方正出版社 2002 年版。
43. 张尚鷟主编：《走出低谷的中国行政法学——中国行政法学综述与评价》，中国政法大学出版社 1991 年版。
44. 宋功德：《聚焦行政处理》，北京大学出版社 2007 年版。
45. 乔克裕、黎晓平：《法的价值论》，中国政法大学出版社 1991 年版。
46. 陈春生：《行政法之学理与体系》（一），台湾三民书局 1996 年版。
47. 陈新民：《公法学札记》，中国政法大学出版社 1999 年版。
48. 陈新民：《中国行政法学原理》，中国政法大学出版社 2002 年版。
49. 陈新民：《行政法学总论》，台湾三民书局 1997 年版。
50. 蔡志方：《行政救济与行政法学》（一），台湾三民书局 1993 年版。
51. 谭秋桂：《民事执行原理研究》，中国法制出版社 2001 年版。
52. 唐德华主编：《执行法律及司法解释疑难释解》，人民法院出版社 2003 年版。
53. 张梦中、马克、霍哲主编：《探索中的中国公共管理》，中山大学出版社 2002 年版。
54. 周佑勇：《行政法基本原则研究》，武汉大学出版社 2005 年版。
55. 张康之：《公共管理伦理学》中国人民大学出版社 2003 年版。
56. 章剑生：《行政诉讼法基本理论》，中国人事出版社 1998 年版。
57. 全国人大常委会法制工作委员会编：《行政强制的理论与实践》，法律出版社 2001 年版。
58. 甘文：《行政诉讼法司法解释之评论》，中国法制出版社 2000 年版。
59. 李娟：《行政法控权理论研究》，北京大学出版社 2000 年版。
60. 苏力：《法治及其本土资源》，中国政法大学出版社 1996 年版。
61. 季卫东：《法治秩序的建构》，中国政法大学出版社 1999 年版。
62. 夏勇：《人权概念起源》，中国政法大学出版社 1992 年版。
63. 黄建武：《法的实现——一种社会学分析》，中国人民大学出版社 1997 年版。
64. 张文显主编：《法理学》，法律出版社 1997 年版。
65. 张文显：《二十世纪西方法哲学思潮研究》，法律出版社 1996 年版。
66. 张文显主编：《马克思主义法理学》，高等教育出版社 2003 年版。
67. 张文显：《法学基本范畴研究》，中国政法大学出版社 1993 年版。
68. 张文显、李步云主编：《法理学论丛》（第 3 卷），法律出版社 2002 年版。
69. 张千帆：《西方宪政体系》（上册・美国宪法），中国政法大学出版社 2000 年版。
70. 龙宗智：《相对合理主义》，中国政法大学出版社 1999 年版。
71. 樊崇义主编：《诉讼原理》，法律出版社 2003 年版。
72. 柴发邦主编：《体制改革与完善诉讼制度》，中国人民公安大学出版社 1991 年版。
73. 吴庚：《行政法之理论与实用》，中国人民大学出版社 2005 年版。
74. 吴庚：《行政争讼法论》，台湾三民书局 1999 年版。
75. 城仲模：《行政法之一般法律原则》（二），三民书局 1999 年版。
76. 城仲模：《行政法之理论基础》，三民书局 1991 年版。
77. 城仲模主编：《行政法裁判百选》，月旦出版社股份有限公司 1996 年版。
78. 张载宇：《行政法要论》，汉林出版社 1977 年版。
79. 郑永流：《法哲学与法社会学论丛》，中国政法大学出版社 1998 年版。
80. 周国均：《行政法行政诉讼法卷（中国法学文丛）》，中国人民公安大学出版社 2004 年版。
81. 卓泽渊：《法理学》，法律出版社 1999 年版。
82. 张根大：《法律效力论》，法律出版社 1999 年版。
83. 张家洋：《行政法》，三民书局 1998 年版。
84. 张静：《法团主义》，中国社会科学出版社 1998 年版。
85. 林纪东：《行政法原论》，“国立”编译馆 1966 年版。
86. 林纪东：《行政法》，三民书局 1990 年版。
87. 陈秀美：《行政诉讼上有关行政处分之研究》，司法周刊社印行 1994 年版。
88. 于安编：《德国行政法》，清华大学出版社 1999 年版。
89. 崔建远主编：《合同法》（修订本），法律出版社 2000 年版。
90. 吕世伦主编：《现代西方法学流派》，中国大百科全书出版社 2000 年版。
91. 何勤华：《西方法学史》，中国政法大学出版社 1996 年版。
92. 沈宗灵：《比较法研究》，北京大学出版社 1998 年版。
93. 张步洪、王万华：《行政诉讼法律解释与判例述评》，中国法制出版社 2000 年版。
94. 北京市高级人民法院行政庭编：《北京行政诉讼案例研究》，中国审计出版社 2000 年版。
95. 傅士成：《行政强制研究》，法律出版社 2001 年版。
96. 李震山：《行政法导论》，三民书局 1998 年版。
97. 陈敏：《行政法总论》，三民书局 1998 年版。
98. 毕可志：《论行政救济》，北京大学出版社 2005 年版。
99. 章志远：《行政行为效力论》，中国人事出版社 2003 年版。
100. 张越：《英国行政法》，中国政法大学出版社 2004 年版。
101. 彼得·斯坦、约翰·香德：《西方社会的法律价值》，中国人民公安大学出版社 1989 年版。
102. ［日］和田英夫：《现代行政法》，倪健民等译，中国广播电视出版社 1993 年版。

103. ［日］盐野宏：《行政法》，杨建顺译，法律出版社 1999 年版。
104. ［日］南博方：《日本行政法》，杨建顺、周作彩译，中国人民大学出版社 1988 年版。
105. ［印度］M. P. 赛夫：《德国行政法》，周伟译，五南图书出版公司 1991 年版。
106. ［日］谷口安平：《程序的正义与诉讼》，王亚新、刘荣军译，中国政法大学出版社 1996 年版。
107. ［日］西冈等：《现代行政法概论》，康树华译，甘肃人民出版社 1990 年版。
108. ［日］室井力主编：《日本现代行政法》，吴微译，中国政法大学出版社 1995 年版。
109. ［美］林德布鲁姆：《市场体制的秘密》，江苏人民出版社 2002 年版。
110. ［美］罗伯特·昂格尔：《现代社会中的法律》，吴玉章、周汉华译，中国政法大学出版社 1994 年版。
111. ［美］希尔斯曼：《美国是如何治理的》，商务印书馆 1990 年版。
112. ［美］文森特·奥斯特罗姆：《美国公共行政的思想危机》，上海三联书店 1999 年版。
113. ［美］约翰·罗尔斯：《正义论》，何怀宏等译，中国社会科学出版社 1988 年版。
114. ［美］波斯纳：《法律的经济分析》，蒋兆康译，中国大百科全书出版社 1997 年版。
115. ［美］伯纳德·施瓦茨：《行政法》，群众出版社 1986 年版。
116. ［美］E. 博登海默：《法理学——法律哲学与法律方法》，邓正来译，中国政法大学出版社 1999 年版。
117. ［美］戴维·奥斯本、特德·盖布勒：《改革政府：企业精神如何改革着公营部门》，上海译文出版社 1996 年版。
118. ［美］伯纳德·施瓦茨：《美国法律史》，中国政法大学出版社 1990 年版。

119. ［美］汉密尔顿等：《联邦党人文集》，程逢如等译，商务印书馆 1992 年版。
120. ［美］麦考密克、魏因贝格尔：《制度法论》，中国政法大学出版社 1994 年版。
121. ［法］卢梭：《社会契约论》，何兆武译，商务印书馆 1980 年版。
122. ［法］E. 迪尔凯姆：《社会学方法的准则》，狄玉明译，商务印书馆 1995 年版。
123. ［法］托克维尔：《论美国的民主》，董果良译，商务印书馆 1996 年版。
124. ［奥］凯尔森：《法与国家的一般理论》，中国大百科全书出版社 1996 年版。
125. ［法］莱昂·狄骥：《公法的变迁·法律与国家》，郑戈、冷静译，春风文艺出版社 1999 年版。
126. ［法］勒内·达维：《英国法与法国法：一种实质性比较》，潘华仿等译，清华大学出版社 2002 年版。
127. ［法］莫里斯·奥里马：《行政法与公法精要》（上、下册），龚觅译，郑戈校，春风文艺出版社 1999 年版。
128. ［法］孟德斯鸠：《论法的精神》，商务印书馆 2003 年版。
129. ［奥］冯·哈耶克：《自由秩序原理》，邓正来译，三联书店 1997 年版。
130. ［英］亚当·斯密：《国民财富的性质和原因的研究》（下），商务印书馆 1972 年版。
131. ［英］戴雪：《英宪精义》，雷宾南译，中国法制出版社 2001 年版。
132. ［英］韦德：《行政法》，徐炳等译，中国大百科全书出版社 1997 年版。
133. ［英］凯恩斯：《就业利息和货币通论》，商务印书馆 1981 年版。
134. ［英］梅里曼：《大陆法系——西欧、拉丁美洲法律制度介绍》，顾培东、禄正平译，知识出版社 1984 年版。
135. ［英］约翰·奥斯丁：《法理学的范围》，刘星译，中国法制出版社 2002 年版。

136. ［英］哈特：《法律的概念》，张文显等译，中国大百科全书出版社 1996 年版。
137. 德国技术合作公司和中国国家行政学院编印：《联邦德国的宪法和行政法》，1999 年版。
138. ［德］阿列克西：《法律论证理论》，舒国滢译，中国法制出版社 2002 年版。
139. ［德］汉斯·沃尔夫、奥托·巴霍夫、罗尔夫·施托贝夫：《行政法》（第一卷），高家伟译，商务印书馆 2002 年版。
140. ［德］奥托·迈耶：《德国行政法》，刘飞译，商务印书馆 2002 年版。
141. ［德］平特纳：《德国普通行政法》，朱林译，中国政法大学出版社 1999 年版。
142. ［德］G. 拉德布鲁赫：《法哲学》，王朴译，法律出版社 2005 年版。
143. ［德］柯武刚、史漫飞：《制度经济学：社会秩序与公共政策》，商务印书馆 2001 年版。

（二）论文类

1. 罗豪才：《现代行政法制的发展趋势》，载《国家行政学院学报》2001 年第 5 期。
2. 罗豪才、崔卓兰：《论行政权与相对人权利及关系》，载《中国法学》1998 年第 3 期。
3. 应松年：《论行政强制执行》，载《中国法学》1998 年第 3 期。
4. 江必新：《司法解释对行政法学理论的发展》，载《中国法学》2001 年第 4 期。
5. 江必新：《行政行为效力体系理论的回顾与反思》，载《江苏社会科学》2008 年第 5 期。
6. 江必新、李春燕：《统一行政行为概念的必要性及其路径选择》，载《法律适用》2006 年第 1 期。
7. 马怀德：《我国行政强制执行制度及立法构想》，载《国家行政学院学报》

2002 年第 2 期。
8. 张树义、蔡乐渭：《回归与重构：服务行政在中国的源起》，载《政法论坛（中国政法大学学报）》2007 年第 2 期。
9. 刘莘：《具体行政行为效力初探》，载《中国法学》1998 年第 5 期。
10. 夏勇：《中国宪法改革的几个基本理论问题》，载《中国社会科学》2003 年第 2 期。
11. 胡建淼：《论德国行政上的即时强制制度及理论》，载《浙江社会科学》2001 年第 1 期。
12. 杨小军：《怠于履行行政义务及其赔偿责任》，载《中国法学》2003 年第 6 期。
13. 张康之：《论公共管理者的价值选择》，载《中共中央党校学报》2003 年第 4 期。
14. 周佑勇：《行政行为的效力研究》，载《法学评论》1998 年第 3 期。
15. 周佑勇：《行政不作为构成要件的展开》，载《中国法学》2001 年第 5 期。
16. 金太军：《新公共管理：当代西方公共行政的新趋势》，载《国外社会科学》1997 年第 5 期。
17. 郭道晖：《行政权的性质与依法行政原则》，载《河北法学》1999 年第 3 期。
18. 石佑启：《论公共行政之发展与行政主体多元化》，载《法学评论》2003 年第 4 期。
19. 石佑启：《论公共行政变革与行政行为理论的完善》，载《中国法学》2005 年第 2 期。
20. 姜明安：《新世纪行政法发展的走向》，载《中国法学》2002 年第 1 期。
21. 刘志刚：《论服务行政条件下的行政私法行为》，载《行政法学研究》2007 年第 1 期。
22. 于安：《德国法上行政行为的构成》，载《中国法学》1999 年第 5 期。
23. 朱新力、高春燕：《行政行为的重新定位》，载《浙江大学学报（人文社会科学版)》2003 年第 6 期。
24. 朱新力:《论行政上的即时强制》,载《浙江学刊》2001 年第 5 期。
25. 朱新力:《论日本行政上的即时强制》,载《公法研究》2002 年第 1 期。
26. 童之伟:《再论法理学的更新》,载《法学研究》1999 年第 2 期。
27. 赵清林:《也谈行政行为的执行力》,载《甘肃政法学院学报》2008 年总第 1 期。
28. 蔡爱平:《摆脱法律生效后的执行困境》,载《民主与法制》1999 年第 8 期。
29. 李琦:《论法律效力——关于法律上的力的一般原理》,载《中外法学》1998 年第 4 期。
30. 李军:《论法律行为的效力依据》,载《政法论丛》2004 年第 6 期。
31. [美] 施瓦茨:《行政法体系的构成》,载《法学译丛》1989 年第 3 期。
32. 刘东亮:《行政行为公定力理论之检讨》,载《行政法学研究》2001 年第 2 期。
33. 林明昕:《论行政诉讼法上之“执行(不)停止原则”》,载《月旦法学杂志》第 77 期。
34. 张治宇:《行政行为效力理论之检讨》,载《河北法学》2004 年第 10 期。
35. 韦忠语:《论行政行为公定力的效用》,载《现代法学》2000 年第 2 期。
36. 刘星:《法律“强制力”观念的弱化——当代西方法理学的本体论变革》,载《外国法译评》1995 年第 3 期。
37. 叶必丰:《行政行为的确定力研究》,载《中国法学》1996 年第 3 期。
38. 叶必丰:《论行政行为的公定力》,载《法学研究》1997 年第 5 期。
39. 叶必丰:《论行政行为的执行力》,载《行政法学研究》1997 年第 3 期。
40. 叶必丰:《法学思潮与行政行为》,载《浙江社会科学》2000 年第 3 期。
41. 叶必丰、何琳:《行政即时强制界说》,载《求是学刊》2000 年第 1 期。
42. 吴婧萍:《行政行为公定力研究》,载《行政法学研究》1997 年第 3 期。
43. 王从峰:《行政法之平等协作理念的确立缘由探析》,载《中南财经政法大学研究生学报》2008 年第 1 期。
44. 李元起、郭庆珠：《行政相对人的行政受益权法治化探析》，载《国家行政学院学报》2005 年第 3 期。
45. 方世荣：《论私有财产权的行政法保护》，载《湖北社会科学》2005 年第 1 期。
46. 邓庆鸿、袁江：《论行政处罚裁决时效制度——以“杜宝良案”为例》，载《江汉大学学报（人文科学版）》2006 年第 2 期。
47. 杨解君：《从多维视角看契约理论在行政法中确立的正当性》，载《江海学刊》2003 年第 2 期。
48. 杨解君：《契约理念引入行政法的背景分析》，载《法制与社会发展》2003 年第 3 期。
49. 魏建：《理性选择理论与法经济学的发展》，载《中国社会科学》2002 年第 1 期。
50. 李昕：《公共服务理念下现代行政的特征》，载《行政法学研究》2002 年第 4 期。
51. 章志远：《行政强制范畴之重构》，载《太原理工大学学报（社会科学版）》2006 年第 3 期。
52. 章志远：《行政行为无效若干问题研究》，载《河南政法干部学院学报》2002 年第 1 期。
53. 章志远：《行政行为执行力初探》，载《河南省政法管理干部学院学报》2002 年第 3 期。
54. 杨勇萍、李继征：《从命令行政到契约行政》，载《行政法学研究》2001 年第 1 期。
55. 白维贤（Willam C Banks）、金立法（Richard Gold smith）、薛刚凌：《中美行政执行制度比较》，载《行政法学研究》2001 年第 1 期。
56. 柳砚涛：《行政行为公定力质疑》，载《山东大学学报（哲社版）》2003 年第 5 期。

57. 柳砚涛、刘宏渭：《论无效行政行为防卫权及其矫正机制》，载《行政法学研究》2003 年第 2 期。

58. 王太高：《无效行政行为制度研究》，载《河北法学》2002 年第 2 期。

59. 郭庆菊：《无效行政行为防卫权制度初探》，载《哈尔滨学院学报》2005 年第 1 期。

60. 杨建顺：《宪政与法制行政的客体》，载《人大法律评论》，中国人民大学出版社 2001 年版。

61. 贺乐民、高全：《论行政法的合作理念》，载《法律科学（西北政法大学学报）》2008 年第 4 期。

62. 漆多俊：《论权力》，载《法学研究》2001 年第 1 期。

63. 张基奎：《行政承诺的法理学分析》，载《中国矿业大学学报（社会科学版）》2005 年第 2 期。

64. 李靖：《在中国建设服务型政府的理论基础》，载《政治学研究》2005 年第 4 期。

65. 张春莉、杨解君：《论行政法的平等理念——概念与观念》，载《文史哲》2005 年第 5 期。

二、英文资料

1. See de Smith, Woolf & Jowell, Jeffrey Jowell, *Principles of Judicial Review*, London Sweet & Maxwell, 1999.

2. Robert C. Ellickson, Order without law, *How Neighbors Settle Disputes*, Harvard University Press, 1991.

3. Martin Loughlin, *The Idea of Public Law*, Oxford, 2003.

4. William F. Fox, Jr. , *Understanding Administrative Law*, LexisNexis, 2000.

5. Adele Bernhard, "Justice Still Fails: A Review of Recent Efforts to Compensate Individuals Who Have Been Unjustly Convicted and Later Exonerated", Vol. 52, *Drake Law Review*, 2004.

6. Michael Taggart, *The Provice of Administrative Law*, Hart publishing Oxford, 1997.

7. Wade, H. W. R. *Administrative Law*. Oxford University Press, 1988.

8. Duncan Fairgrieve, *State Liability in Tort: A Copmparative Law Study*, Oxford University Press, 2002.

9. Florence Heffron & Neil McFeeley, *The Administrative Regulatory Process*, Longman, 1983.

后记：宽容与思考

本书是在我的博士论文基础上修改完成的。之所以选择行政行为效力作为博士论文的选题，一方面是源于效力问题是行政法的根本问题，对此问题的把握有助于对整个行政法体系的融通；另一方面也是深受导师江必新教授对基础理论和研究方法高度重视的影响。

在撰写论文过程中，基于服务行政的背景，我尝试着提出了行政行为“实行力”的概念，用于取代权力行政背景下的“执行力”。对于“实行力”的提出，江老师觉得有所创新，组织众多同门进行了讨论。虽然存在诸多分歧和生涩之处，但江老师仍支持我大胆尝试，在反思传统理论的基础上，对实行力理论体系进行构建。可以说，正是江老师的宽容和悉心教导，论文才得以顺利完成和付梓。并且，正是这种宽容和悉心教导，不仅让我收获了知识的构建和思想的启迪，而且鼓励着我在这些年工作生活中一直保持独立思考。

在中国政法大学求学多年，承蒙众多师长和学友给予的宽容和鼓励，从一个缺乏理性和知识的愤青，逐步成长为一个具有一些思考能力的法律人。感谢应松年教授、朱维究教授、张树义教授、刘莘教授、马怀德教授、李树忠教授、薛刚凌教授、焦洪昌教授、刘杨教授等老师的传道授业解惑，感谢张步洪、梁凤云、张红、李春燕、蔡乐渭、李昕、王旭军、杨科雄、刘行、叶平、赵鹏、王旭、都督等学友的“公法情谊”，让我无限留恋蓟门烟树畔“蜗居”的法大。

博士毕业后进入最高院工作，有幸得到了领导和同事们的诸多帮助和关心，他（她）们不仅指导我办文办会办案，而且给予了足够的宽容，让我身心愉悦地思考，让我倾力投入到有价值的人权司法保障工作，让我对国家赔偿工作“乐一胜万”。尤其是赔偿办的历任领导和众多资深法官、阳谷法院的周公法院长（我实习锻炼时的老师），他们的言传身教，不仅让我明白“正直、职业能力和司法品性”对法官的重要性，而且让我在工作中不自觉地“常思当事人遭受伤害之痛，常念当事人往返劳顿之苦，常想当事人呼告无门之怨，常忆当事人遭受不公之恨”。

感谢家人一直对我的宽容，他们的爱从不要求回报，他们让我心有所依。感谢乡贤张柳华夫妇和杜飞进夫妇，他们让我在北京有了家的感觉。

本书的出版，离不开法律出版社的大力支持，感谢责任编辑牛润青付出的辛勤劳动。

何　君

2016 年 1 月 12 日于东交民巷

图书在版编目(CIP)数据

行政行为实行力研究:以服务行政为背景/何君著.
—北京:法律出版社,2016.3(2016.11 重印)
ISBN 978-7-5118-9246-1

Ⅰ.①行… Ⅱ.①何… Ⅲ.①行政法—法律行为—研究 Ⅳ.①D912.104

中国版本图书馆 CIP 数据核字(2016)第 052442 号

行政行为实行力研究
——以服务行政为背景
何 君 著

编辑统筹 法商出版分社
策划编辑 牛润青
责任编辑 牛润青
装帧设计 乔智炜

出版 法律出版社
总发行 中国法律图书有限公司
经销 新华书店
印刷 北京京华虎彩印刷有限公司
责任印制 胡晓雅

开本 710 毫米×1000 毫米 1/16
印张 13.25
字数 167 千
版本 2016 年 3 月第 1 版
印次 2016 年 11 月第 2 次印刷

法律出版社/北京市丰台区莲花池西里 7 号(100073)
电子邮件/info@lawpress.com.cn
网址/www.lawpress.com.cn
销售热线/010-63939792/9779
咨询电话/010-63939796

中国法律图书有限公司/北京市丰台区莲花池西里 7 号(100073)
全国各地中法图分、子公司电话:
第一法律书店/010-63939781/9782
重庆公司/023-65382816/2908
北京分公司/010-62534456
西安分公司/029-85388843
上海公司/021-62071010/1636
深圳公司/0755-83072995

书号:ISBN 978-7-5118-9246-1
定价:39.00 元
(如有缺页或倒装,中国法律图书有限公司负责退换)